Standardized Construction
Research for
Small and Medium-sized
Enterprises

标准化与治理丛书　　总主编　侯俊军

中小企业
标准化建设研究

凌艳平　著

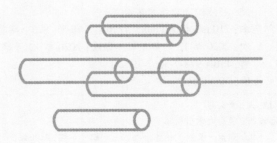

湖南大学出版社·长沙

内 容 简 介

本书以中小企业标准化建设作为主要研究对象，综合运用文献分析、理论推演法、案例分析与计量分析等研究方法，在标准经济学、资源基础理论与生命周期理论等相关理论的基础上系统构建中小企业标准化的理论框架，描述了中小企业标准化的动力机制，分析了中小企业标准化合作模式选择，讨论了中小企业标准化研发能力，并通过实证研究对所构建的理论框架进行检验。

图书在版编目（CIP）数据

中小企业标准化建设研究/凌艳平著 . —长沙：湖南大学出版社，2020. 12

（标准化与治理丛书/侯俊军主编）

ISBN 978-7-5667-1962-1

Ⅰ. ①中⋯　Ⅱ. ①凌⋯　Ⅲ. ①中小企业—标准化管理—研究　Ⅳ. ①F276. 3-65

中国版本图书馆 CIP 数据核字（2020）第 190661 号

中小企业标准化建设研究
ZHONGXIAO QIYE BIAOZHUNHUA JIANSHE YANJIU

著　　者：凌艳平

责任编辑：严小涛

印　　装：长沙鸿和印务有限公司

开　　本：710 mm×1000 mm　1/16　印张：8.5　字数：143 千

版　　次：2020 年 12 月第 1 版　印次：2020 年 12 月第 1 次印刷

书　　号：ISBN 978-7-5667-1962-1

定　　价：50.00 元

出 版 人：李文邦

出版发行：湖南大学出版社

社　　址：湖南·长沙·岳麓山　　　邮　　编：410082

电　　话：0731-88822559（营销部），88823547（编辑室），88821006（出版部）

传　　真：0731-88822264（总编室）

网　　址：http://www.hnupress.com

电子邮箱：781089448@qq.com

序

党的十八大以来，习近平总书记不断强调，要坚定不移深化改革开放，大力推进国家治理体系和治理能力现代化建设。作为国家治理一个重要的手段和工具，标准以及标准化在经济社会发展和国家治理中不可替代的作用也越来越被社会各界广泛认识。在 2016 年 9 月 12 日召开的第 39 届国际标准化组织（ISO）大会和 2019 年 10 月 14 日召开的第 83 届国际电工委员会大会上，习近平主席都发出贺信，指出"伴随着经济全球化深入发展，标准化在便利经贸往来、支撑产业发展、促进科技进步、规范社会治理中的作用日益凸显"，"中国将继续积极支持和参与国际标准化活动，愿同各国一道，不断完善国际标准体系和治理结构，更好发挥标准在国际贸易和全球治理中的作用"。

标准化的作用，以及人们对其的认识，是随着社会的发展而不断深化的。从远古时代人类标准化思想的萌芽，到建立在手工生产基础上的古代标准化和以机器大工业为基础的近代标准化，再到以系统理论为指导的现代标准化，逐步清晰地呈现出建立最佳秩序、规范市场运转、推进社会发展的重要作用。更重要的是，人们也更加积极主动地制定标准、运用标准和推广标准，在一个国家内部和世界范围内，设立各种专门机构来有组织、有计划地开展标准化实践工作。在这同时，标准化理论体系也得到了迅速的发展。从标准化的形式与原理，到标准化与管理、经济、技术、生产和市场等的融合，乃至标准化学科建设的讨论，专家学者们都进行了非常深入、广泛的研究与讨论，并产生了极为丰富的成果。

然而，因数据整理、研究工具和思想认识等方面的约束，标准化理论的发展还满足不了标准化实践发展的需要，在标准化与治理领域尤其如此。标准化是否能够承担起国家治理和社会治理的功能？标准化在国家治理和社会治理中的具体运行机制是怎样的？标准化与其他的治理工具和手段之间又是一种怎样的关系？标准化在全球治理中能够扮演怎样的角色？诸多问题，既有抽象的理论问题，也有具体的操作问题，都有待深入研究。

　　基于在"标准化与治理"领域多年的研究和实践积累，在国家社会科学基金重大项目"中国标准治理与全球贸易规则重构研究"（17ZDA099）等科研项目和"标准化与治理"国际学术研讨会等学术平台的支持下，我们组织相关专家学者从各个角度来展开研究，并以丛书形式出版。我们不能奢望这套丛书为"标准化与治理"构建起完善的知识体系和理论体系，但我们必将此作为奋斗的目标和梦想，并努力朝着这个目标和梦想前进！

侯俊军

前　言

随着技术与经济的快速发展，标准因其具有网络外部性、规模经济性与锁定效应性等特征，成为国家、产业与企业发展的重要战略工具，越来越多的国家与企业加入了标准化中。作为市场活动的主要参与者，企业更是成为标准化发展的主要推动者。其中，占企业绝大多数的中小企业在标准化中的作用更是不容忽视。长期以来，国内外学者围绕企业标准化进行了大量的研究，但关于中小企业标准化建设的系统研究相对较少，因此，对中小企业标准化建设进行系统研究，对推动我国标准自主制定，提升标准市场竞争力具有重要意义。

本书以中小企业标准化建设作为主要研究对象，综合运用文献分析、理论推演法、案例分析与计量分析等研究方法，在标准经济学、资源基础理论与生命周期理论等相关理论的基础上系统构建中小企业标准化的理论框架，描述了中小企业标准化的动力机制，分析了中小企业标准化合作模式选择，讨论了中小企业标准化研发能力，并通过实证研究对所构建的理论框架进行检验。论著的主要内容如下：

首先，描述了中小企业标准化的动力机制。从技术与市场两个方面分析中小企业在标准化中的作用；接着，在标准经济学的基础上，对中小企业推进标准化发展的内部动力因素与外部动力因素进行了详细描述；同时对中小企业标准化的内外部动力因素间的关系进行了研究。

其次，分析了中小企业标准化合作模式的选择。在对中小企业标准化合作原理进行研究的基础上，从标准产业链的视角出发，指出中小企业标准化合作的方式有横向合作、纵向合作与混合合作等，并对不同合作模式中具体的合作方式进行了分析；结合企业与产业生命周期阶段特征与标准化资源需求，提出在企业与产业发展的不同阶段，中小企业选择的标准化合作模式有所不同。

再次，讨论了中小企业标准研发能力对标准化的影响。对标准化所涉及的标准技术研发与标准产品研发等活动进行分析；同时指出企业研发能力主要由研发投入与专利产出等要素构成，并论述了研发投入与专利产出等标准研发能力对企业标准化的作用机理及构建了对应的关系模型，同时对从万方专利数据库、工标网与巨潮网等获取的上市中小企业的相关数据进行分析，探究中小企业标准研发能力对标准化的作用。

最后，以成功制定国际标准的山东昊月新材料有限公司为研究对象，进行案例研究。通过企业官网、国家知识产权局、权威新闻网站等渠道获取昊月新材料有限公司标准化的相关数据、资料，对昊月新材料有限公司的标准化动力机制、标准化合作模式选择与其标准研发能力进行了深入分析。研究结论论证了所构建的中小企业标准化建设理论框架的合理性与有效性。

本文的研究结果表明，作为资源与能力均不具有绝对优势的中小企业，积极参与标准制定，是推进企业发展的有效途径，同时为了更好地获取标准带来的竞争优势与经济收益，中小企业应依据自身优势，灵活开展标准化活动。这一结论进一步丰富了对于中小企业标准化建设的研究；同时也有助于中小企业合理配置企业研发资源，充分发挥标准研发资源的最大效用；最后，为鼓励中小企业积极参与标准化，促进我国自主标准的制定提供一定的理论依据与实践指导。

目　次

第 1 章 | 绪 论

1.1 选题背景及研究意义

1.1.1 选题背景

近年来，随着全球技术经济的快速发展，市场竞争突破了以价格、渠道等为主的传统市场竞争方式，逐渐转向以技术为载体的标准竞争。"得标准者得天下""一流企业做标准、二流企业做品牌、三流企业做产品"等大量事实表明，标准已成为国家与产业竞争的制高点。简单地说，哪一个企业或者机构能够把握住标准，就能够在市场上获得竞争的主动权乃至主导权，标准对市场的影响使得围绕标准展开的竞争越来越激烈。为了在国际市场竞争中占据主动，各国纷纷制定了自己国家层面的标准化战略，极力推动本国标准成为国际标准。比如美国在其标准战略中就明确指出，要充分发挥其国家标准体系整体优势，将多方面的标准化优势资源整合在一起，努力促进美国的国内标准成为国际标准，以便国际市场能够更容易地接受美国标准[1]。日本则在其制定的《标准化战略》中针对国际标准化活动提出了包括国际标准对策、国际标准提案、培养国际标准化专家等20 项措施[2]。德国标准化战略也是强调要充分利用欧洲标准可以上升成为国际标准，并借助标准化将德国工业推向其他地区市场[3]。中华人民共和国国务院于2015 年 5 月发布的《关于推进国际产能与装备制造合作的指导意见》中明确指出要加快中国标准国际化推广，提高中国标准国际化水平，加快国际互认进程。尽管各国为推进技术标准化采取了诸多措施，但 MPEG、TD-LTE 等国际标准的成功表明，标准化的实现与市场密切相关，每一个标准只有在市场中得到充分的检验，被市场主体使用和接受，并且其真实用户攀升到相应的规模，其制定者在市场竞争中才可能产生"赢家通吃"的预期效应[4]。

作为我国标准化发展战略的重要内容，"技术标准化"在具体实施过程中，依然面临着不小的困难。其一，美、欧、日等发达国家依靠其强大的科学技术优势，通过标准中涉及的各种核心专利或者必要专利，给我国的自主知识创新和技术发展构筑了一条极难跨越的鸿沟；其二，中国技术研发实力相对落后，在全球产业链中处于末端位置，这严重影响着产业内企业技术创新的积极性。但挑战中往往蕴含着机遇，如何抓住机遇，克服挑战，推动中国技术实现跨越式发展，提升中国标准国际影响力，成为中国标准化战略实施的关键。

技术标准化战略的实施是一个复杂的过程，同时也是高投入与高风险并存的过程。在这一过程中，不仅需要完成技术的研发，更为重要的是要将研发的技术转化为市场可接受的标准。在市场活动中，企业作为活动的主体，是技术实现标准化的主要推动者。这些推动者不仅包括了规模与实力强大的大型企业，同时也包括了作用不容忽视的中小企业。在中国，中小企业的数量占到了企业总数的99%以上，完成了产业中75%以上的技术创新，以及80%的新产品开发，并贡献了中国60%的GDP，50%的税收与80%的城镇就业[5-6]。中小企业的成功案例表明：首先，中小企业具备一定的R&D能力[7]。对产业技术创新发展与新产品开发的贡献说明中小企业具备一定的研发资源，有能力完成相关技术的研发。其次，中小企业具有一定的市场基础。在GDP与税收方面的贡献说明中小企业可通过其所奠定的市场基础中获取一定的经济收益。最后，数量庞大的中小企业占据着产业链的各个环节，能有效完成技术实现标准化所需完成的各项任务。因此，中小企业是成功实现标准化的不可或缺的部分。

尽管中小企业在技术标准化中有着重要的作用，但与大型企业相比，中小企业却面临着规模小、资源不足等种种因素的约束。这些因素一方面降低了中小企业承受标准化过程中风险的能力，另一方面也制约了中小企业在标准化中的主动性。规模较小、资源不足等因素使得中小企业在面对标准化中存在的技术研发与市场推广等方面的风险时，难以采取有效措施来应对这些风险。此外，因为中小企业的经营目标通常以生存为主，导致中小企业在进行技术研发与市场推广中，往往会选择易于被市场接受的技术或产品，而不是主动选择实现技术标准化所需的技术或产品。因此，如何在中小企业特征的基础上，更好的发挥中小企业在标准化过程中的作用，对中国标准化战略的实施至关重要。对我国中小企业标准化战略、能力和措施的理论和实证研究，也能够帮助中小企业更好地在其经营和生产活动中实施标准化活动，全面提升中国标准在国际市场上的整体竞争力。

1.1.2 研究意义

本书着重从动力机制、合作模式以及研发能力等层面对我国中小企业标准化战略、能力和措施展开理论和实证分析，结合整个国家层面标准化战略实施的具体情况，对如何优化和提高标准化在中小企业经营和生产活动中的具体作用提出有益且具有可操作性的政策建议。因此，本书的研究具有比较重要的理论意义和实践意义。

1.1.2.1 理论意义

科学技术和经济社会的快速发展，标准化的活动越来越丰富，标准化的作用也越来越被认识，围绕标准化展开的国内外学术研究也越来越多，但是专门针对市场经济活动的主体——中小企业的标准化进行系统的研究还是比较少见。

目前关于中小企业标准化研究主要集中在以下几个方面：（1）标准对中小企业发展的作用。标准通常具有网络外部性、兼容性、规模经济性与锁定效应等特征，尤其是在标准与专利日益融合的背景下，专利所具有的排他性与专有性，使得标准在市场经济活动中的作用日益增强。因此，标准可以提升中小企业的竞争优势，影响企业的创新行为与增加企业的收益等。（2）中小企业标准化的主要组织形式。标准化的实现是一个复杂，且需要大量资源的过程，单一中小企业在资源与能力方面的限制，使得其难以独自推动标准化的实现。而标准联盟、高新技术产业开发区与高技术企业创新网络在整合资源、应对不确定性方面的优势，使其成为推动标准化实现的重要组织形式。（3）中小企业标准化建设面临的挑战及对策。中小企业由于规模较小、资源不充足与相关能力不充分等问题，在推进标准化中面临着巨大的挑战，面对这些挑战，不同学者从不同方面提出了相应对策。

尽管学者们对中小企业的标准化进行了研究，但大多都是针对中小企业标准化中的某一项问题进行研究，缺乏整体性，而且这些研究比较多地进行纯理论性质的研究，具体工作中的鲜活案例和一手数据的佐证研究相对较少。

因此，本书拟综合运用标准经济学、资源基础理论与生命周期理论等对中小企业标准化的动力机制、标准化的合作模式及企业的相关能力进行系统研究，并收集相关数据、资料进行实证研究，以检验所构建的理论框架。对中小企业标准化建设的系统研究，进一步丰富了关于中小企业标准化建设的研究，同时有助于了解中小企业应如何有效地推进标准化活动发展，从而为中小企业更好的参与标准化活动，加速标准化实现提供一定的理论基础与管理建议。

1.1.2.2 实际意义

技术与经济的实际发展表明，标准能够显著地推动科学技术的扩散，有效拉动国民经济增长。因此，无论是从国家的宏观层面，还是从企业的微观层面而言，标准化战略都越来越被重视。特别是在经济全球化推动日益加剧的市场竞争中，如何更好地帮助占市场绝大多数的中小企业参与标准化活动，对国家与企业在标准竞争中获胜有着重要影响。

在宏观层面上，只有中小企业标准化战略落实好了，国家的标准化战略才能真正落地，国家标准的国际市场竞争力才能有效提升。改革开放以来，我国标准制修定的速度得到了大幅度的提升，也在利用各种渠道积极参与国际标准竞争，但各种问题依然存在，甚至因标准化活动的增加而与其冲突的表现越来越突出，也在很大程度上对中国标准化的顺利发展产生了不好的影响。首先，基于我国自主知识产权的标准在国际市场上的竞争力还比较弱。尽管中国在标准研发投入上面的经费逐年增加，每年发布的国家标准也在不断上升，数据显示在2001—2016年，国际标准的发表数量年均增长率为5.5%，但成为国际标准的标准数量较少，据不完全统计，到2016年底，基于我国自主知识产权的国际标准只有189项。其次，参与标准制修订的国内企业分布不均衡。在中国标准研究院国家标准馆发布的《2016国家标准起草单位大数据报告（国家标准研制贡献指数）》中可以看到，虽然企业正逐渐成为我国标准制定的主力，但这些企业分布极为不均衡，2/3的企业都集中在北京、上海、广州、江苏和山东等地，且在制定标准的这些企业中，首钢、华为与国家电网等大型企业又承担了绝大部分标准的研制。通过对分布广泛，占企业总数绝大多数的中小企业标准化建设进行研究，对进一步加强中国标准的研制有积极的促进作用。

在企业层面上，尽管企业正成为标准研制的主力，但对于中小企业而言，其标准化中仍存在着诸多问题。一方面，中小企业的知识产权意识不足。尽管中小企业完成了大部分的技术创新与工艺创新，但大部分的中小企业知识产权意识较低。据国际知识产权局的资料显示，99%以上的中小企业从未申请过专利；另一方面,中小企业的知识产权运用能力较弱。中小企业基于其自身的特色优势,所研发的技术甚至具有很强的市场竞争力,实施了专利保护战略措施,也能够获得专利等相关知识产权,但由于企业对专利运用认识的不足,往往不能很好的发挥技术在市场中的作用。通过对中小企业标准化建设的研究,对提升企业知识产权意识,更好地发挥技术在企业发展中的作用有着积极的指导作用。

综上,本研究对解决国家与中小企业在标准化中存在的问题,推进标准化的发展,提升国家与企业在市场标准中的竞争力有积极的实践指导意义。

1.2 研究对象及相关概念界定

本书将中小企业的标准化作为研究对象,具体将从中小企业标准化的动力机制、合作模式及企业相关能力等方面展开。在进行上述研究前,本章节主要对研究中所涉及的中小企业、标准及标准化等重要的基础概念进行清晰的界定,为后面进一步研究提供充分而全面的基础支持。

1.2.1 中小企业

1.2.1.1 中小企业概念

中小企业是个较为模糊的概念,对其界定主要取决于划分的标准与选取的分界点。目前,世界各国对中小企业的划分标准主要分为定量与定性两类,其中定量方法主要以企业雇员数、企业年营业额与企业资产额等企业客观数据作为指标[8]。由于各个国家人口数量与经济发展水平不一,不同国家对这一数值选取的标准又各不相同。不仅是不同国家对中小企业的划分标准有所不同,有时在一个国家内,由于行业特质的不同,对不同行业的中小企业划分的标准也会有所区别,如表 1.1 所示。

表 1.1 国外中小企业界定标准[9-12]

	企业雇员数	企业资产额
美国	一般行业,雇员人数在 500 人以下; 石油化工、农林渔牧等特殊行业,雇员人数不超过 1500 人;	一般行业,资本金在 500 万美元以下; 特殊行业,资本金不超过 2700 万美元;

续表

	企业雇员数	企业资产额
欧盟	小型企业：雇员人数 10—49 人； 中型企业：雇员人数 50—249 人；	—
日本	制造业，从业人数 300 人以下； 批发业，从业人数 100 人以下； 零售业，从业人数 50 人以下； 服务业，就业人员在 100 人以下；	制造业等行业，资本额在 3 亿日元以下； 批发行业，资本额在 1 亿日元以下； 零售业，资本额在 5000 万日元以下； 服务业，资本额在 5000 万日元以下；
韩国	制造业、运输业，就业人数在 300 人以下； 建筑业，就业人数在 50 人以下； 服务业、商业，就业人数在 50 人以下； 批发业，就业人数在 50 人以下；	制造业、运输业，资产总额在 5 亿韩元以下； 建筑业，资产总额在 5 亿韩元以下； 服务业、商业，资产总额在 5000 万韩元以下；批发业，资产总额在 2 亿韩元以下；
意大利	企业总人数低于 300 人	固定资产低于 8 亿里拉
瑞士	小企业：制造业、商业、服务业雇佣人数在 50 人以下。 中企业：制造业、商业、服务业雇佣人数在 50—499 人；	—
德国	小企业：雇员在 9 人以下； 中企业：雇员在 10—499 人；	—
马来西亚	小企业：就业人数 50 人以下； 中小企业：就业人数 250 人以下；	小企业：固定资产额 25 万林吉特以下； 中小企业：固定资产总额 100 万林吉特以下；

工信部、国家统计局、国家发改委、财政部在 2011 年 6 月联合发布的《关于印发中小企业划型标准规定的通知》规定了我国农、林、渔、牧业、建筑业、批发业与交通运输业等不同行业的中小企业划分标准，具体如表 1.2 所示。

表 1.2　中国中小企业划分标准

	就业人员	营业收入
农、林、渔、牧业	—	中型企业：营业收入 500—20000 万； 小型企业：营业收入 50—500 万；

续表1

	就业人员	营业收入
工业	中型企业：从业人员 300—1000 人； 小型企业：从业人员 20—300 人；	中型企业：营业收入 2000—40000 万； 小型企业：营业收入 300—2000 万；
建筑业	—	中型企业：营业收入 6000—80000 万； 小型企业：营业收入 300—6000 万；
批发业	中型企业：从业人员 20—200 人； 小型企业：从业人员 10—20 人；	中型企业：营业收入 5000—40000 万； 小型企业：营业收入 1000—5000 万；
零售业	中型企业：从业人员 50—300 人； 小型企业：从业人员 10—50 人；	中型企业：营业收入 500—20000 万； 小型企业：营业收入 100—500 万；
交通运输业	中型企业：从业人员 300—1000 人； 小型企业：从业人员 20—300 人；	中型企业：营业收入 3000—30000 万； 小型企业：营业收入 200—3000 万；
仓储业	中型企业：从业人员 100—200 人； 小型企业：从业人员 20—100 人；	中型企业：营业收入 1000—30000 万； 小型企业：营业收入 100—1000 万；
邮政业	中型企业：从业人员 300—1000 人； 小型企业：从业人员 20—300 人；	中型企业：营业收入 2000—30000 万； 小型企业：营业收入 100—2000 万；
住宿业	中型企业：从业人员 100—300 人； 小型企业：从业人员 10—100 人；	中型企业：营业收入 2000—10000 万； 小型企业：营业收入 100—2000 万；
餐饮业	中型企业：从业人员 100—300 人； 小型企业：从业人员 10—100 人；	中型企业：营业收入 2000—30000 万； 小型企业：营业收入 100—2000 万；
软件和信息技术服务业	中型企业：从业人员 100—300 人； 小型企业：从业人员 10—100 人；	中型企业：营业收入 1000—10000 万； 小型企业：营业收入 50—1000 万；

续表2

	就业人员	营业收入
房地产开发经营	—	中型企业：营业收入 1000—200000 万； 小型企业：营业收入 100—1000 万；
物业管理	中型企业：从业人员 300—1000 人； 小型企业：从业人员 100—300 人；	中型企业：营业收入 1000—5000 万； 小型企业：营业收入 500—1000 万；
租赁和商业服务业	中型企业：从业人员 100—300 人； 小型企业：从业人员 10—100 人；	—
其他	中型企业：从业人员 100—300 人； 小型企业：从业人员 10—100 人；	—

上述内容主要是从数量方面对中小企业进行界定，而定性方法则主要侧重于企业独立性、融资方式、市场份额及保护行业内竞争等方面。如美国法典《商业和贸易》中规定"小企业是指某一行业中的这样一部分企业，它们在本行业总收入中的百分比是维持本行业竞争所必需的"；英国的博尔顿委员会在其提出的《中小企业报告》中将中小企业定义为由业主或部分业主管理的，占据市场份额较小的独立企业；澳大利亚维茨舍尔委员会对中小企业的定义则是在一个企业中仅需 1~2 个人，且不需内部专业人士帮助对企业财务、会计、销售、人事、市场等关键活动做出决策的企业。澳大利亚国会下属的工业与科技常务委员会有关中小企业的定义为：具有被独立拥有和经营、由业主控制或管理，且由其提供大部分运营资金，主要决策由业主经理做出等特征的企业。

不管是从定量角度还是定性角度对中小企业的界定，可知中小企业都是规模相对较小，但在市场中不可忽视的企业。

1.2.1.2 中小企业特征

相对于市场中的其他企业，中小企业通常具有以下特征。

（1）企业数量多，规模较小且分布广。由上文关于中小企业的界定可知，中小企业的雇员数、企业资产等数量都相对较小，这也意味着中小企业的成立门槛较低。在活跃的市场经济活动中，设立企业形式的组织就成为相关组织者参与

市场经济活动的重要途径。在这一过程中，中小企业因其规模小、投入低，就成
为较容易实现的组织形式。

（2）中小企业组织结构松散，管理简单[13]。因为中小企业的规模较小，其
所开展的业务较为单一，企业的组织形式多以家族式为主，对应的企业组织结构
较为松散。企业的管理以经验管理为主，缺乏科学管理的理论指导。

（3）中小企业经营方式灵活，适应环境能力强。中小企业因为规模较小，
雇员人数较少，当外部环境发生变化时，企业内部能够快速做出响应，并把企业
决策快速传递至企业内部各个环节。企业经营方式根据外部环境的变化做出灵活
调整，从而与外部环境相适应，使企业得以生存发展。

总结上述关于中小企业定义与特征的描述，可知中小企业在技术与市场方面
发挥着重要作用，其所具备的特征又使得中小企业标准化活动的开展面临较多问
题，值得进一步深入研究。

1.2.2 标准

1.2.2.1 标准的定义与内涵

国际标准组织 ISO/IEC 在 2004 年给出的标准定义是这样的：由一个公认的
机构制定和批准的文件，主要是对活动或活动的结果规定了规则、导则或特征
值，供共同或反复使用，从而实现在预定领域内的最佳秩序利益[14]。

国家标准委员会在 GB/T 3935.1—1996 中对标准给出的定义借鉴了 ISO 的定
义：为在一定范围内获得最佳秩序，对活动或其结果规定共同的和重复使用的规
则、导则或特性的文件。该文件以科学、技术和实践经验的综合成果为基础，以
促进最佳社会效益为目的，经协商一致后制定并经一个公认机构的批准[15]。

2017 年修订的《中华人民共和国标准化法》对标准的定义是这样的："标准（含
标准样品），是指农业、工业、服务业及社会事业等领域需要统一的技术要求。"

美国学者盖拉德在 1934 年出版的《工业标准化与应用》一书中将标准定义
为"标准是计量单位或基准、物体、动作、过程、方式、常用方法、容量、功
能、性能、办法、配置、状态、义务权限、责任、行为、态度、概念或想法的某
些特征，给出定义、做出规定和详细说明"。桑德斯则在其著作《标准化的目的
与原理》一书中认为标准是经公认的权威机构批准的一个个标准化成果，采用的
形式可为记录一系列要达到要求的文件，说明基本单位或物理常数的规定等[16]。

安东内利在总结他人关于标准与标准化研究的基础上，认为"标准是一种制度，并具有以下特征：

（1）包括技术、过程与商业等各类信息。

（2）在技术与组织的变迁过程中，由参与者间的合作而产生。

（3）能够改变市场的范围与内容，对市场竞争产生影响。

（4）对劳动分工与企业的组织形式会产生重大影响。[17]

随着技术经济的日益发展，专利所具有的排他性与私有性，使得专利与标准的关系越来越紧密，并逐渐成为标准中不可或缺的一部分[18]。标准作为一系列知识产权的组合[19]，因为专利不可能无偿使用，其他企业要想进入这个标准所在的行业或市场，就不得不按照这个标准来组织生产和经营，也就不得不支付相应的成本，标准制定者（或持有者）要么限制其他企业使用，要么收取专利许可费用，推动这一标准中所包含的技术的转移，扩大标准的使用范围[20]。

尽管不同组织与不同学者对标准定义的描述各不相同，但都表明了：（1）标准是可反复使用的规定；（2）标准制定的目的是获取社会效益；（3）标准经过协商，达成一致后，经由权威机构批准；（4）标准有助于维护市场秩序。

1.2.2.2　标准的分类

根据标准的不同层次、形成过程、法律与执行程度、作用对象等，有着不同的分类。

（1）不同层次标准。与1988年通过的《标准化法》相比，2017年新修订的《中华人民共和国标准化法》中对我国的标准分类有了新的规定，将团体标准正式纳入进来了，和国家标准、行业标准、地方标准以及企业标准一起构成我国标准的五个层次。国家标准作为影响最大、覆盖面最广的一类标准，专门由国务院标准化行政主管部门来制定；而行业标准是由国务院有关行政主管部门规定的，在某一行业内统一实施的标准；地方标准是由地方（省、自治区、直辖市）标准化主管委员会批准、发布，在一定地区范围内统一的标准；团体标准是按照团体确立标准程序自主发布的，由社会自主采用的标准；企业标准则是在企业范围内根据技术、工作和管理要求所制定的标准。

（2）标准形成过程分类。根据形成的过程特点，标准主要分为法定标准（de jure standard）与事实标准（de facto standard）两种。法定标准是由政府或标准开发组织协商提出的强制性规定；而事实标准则是经过不同技术间的竞争，市场用户自发选择某项技术，这项技术就自然而然成为了市场的主导技术，包涵这项技术的标准也就最终成为行业或市场中共同遵守并使用的标准[21]。

（3）标准法律与执行程度分类。根据标准的法律程序与执行程度，分为强制标准与推荐标准。强制标准指在一定范围内通过法律、行政法规等手段加以实施的标准；而推荐性标准则是不强迫用户采用，主要通过经济或市场手段促使用户自愿采用的国家或行业标准[22]。

（4）标准作用对象分类。根据实际工作中不同的作用对象，标准又可以具体细分为产品标准、工艺标准、环境保护标准等。顾名思义，根据不同标准的名称可知，产品标准主要是规定产品所要达到要求而制定的标准；工艺标准主要是规范操作过程，以提高管理水平的标准；环境保护标准则是为保护环境而制定的标准。

综合上述关于标准的描述可知，标准的存在意义为：（1）对所要达到的技术、操作等方面的要求做出的规定，确保了相关产品或者服务的兼容性和通用性，也有效地规范了各种市场主体的行为；（2）为不同领域，不同组织行为的统一、规范提供了选择。

1.2.3 标准化

国际标准化组织（ISO）对标准化的定义是这样的：为所有有关各方利益，特别是为促进最大的全面节约并适当考虑产品的使用条件与安全要求，在所有有关各方协作下进行有秩序的特定活动所制定并实施各项规则的过程[23]。标准化节约了生产和贸易方面的人力、材料，保护了消费者的利益，也提供了安全、健康与生命的保护，为有关各方之间提供表达及传递信息的手段[24]。

德国标准化学会（DIN）认为标准化是指"为了公众利益，有关各方共同进行的让物质和非物质的对象统一化"；美国国家标准学会（ANSI）对标准化的定义是"为有关各方共同利益，在各方的合作下，对某一专门活动的规律性方法制定和应用规章的过程"；日本工业标准调查会（JISC）认为标准化是"制定并有效运用标准的有组织行为"；法国标准化协会（AFNOR）对标准化的定义则是"标准化的目的是为解决重复出现的问题提供谅解的基础"[25]。

我国官方正式文件中对标准化的定义为："为了在一定范围内获得最佳秩序，对现实问题或潜在问题制定共同使用和重复使用的条款的活动。这些活动的内容主要包括标准的编制、实施与发布过程，其作用在于改造产品、过程与服务的适用性，防止技术壁垒，促进技术合作"[15]。

　　谭福有（2005）认为标准化是制定、发布和实施标准的一个过程，且该过程是一个不断循环、螺旋式上升的过程，每完成一次循环，标准就得到一次提升[26]。Techatassanasoontorn & suo（2011）则认为标准化是一个知识与技术的传播过程[27]，其具体过程可描述为技术研发，研发技术专利化，最后将专利集成为标准，再将标准产品进行大规模生产与市场推广的过程[28]。通过参与标准化过程，企业不仅可降低生产、研发成本，而且还可以降低经济风险，同时提升企业竞争优势；对国家竞争力来说，一方面标准可提高竞争优势，另一方面也可以使国内企业面临更大的竞争压力[29]。此外，标准化的完成，还可最大限度地促进国际贸易、社会化大生产及全球经济一体化的发展[19]。

　　因此，标准化主要包含了以下两个方面的内容：第一，标准化是指一个过程，在这个过程中，既包含了标准的制定过程，也包含着标准的应用过程；第二，标准化的实现，在一定范围内规定了秩序，为生产、经营等活动有序的开展提供了依据。

1.3　研究内容与方法

1.3.1　研究内容

　　本书综合运用管理学、标准经济学、资源基础理论与生命周期理论，研究中小企业的标准化。具体内容包括：在分析中小企业在标准化中的作用及特征的基础上，从企业内部与外部市场两方面研究中小企业推进标准化实现的动力机制；针对中小企业推进标准化所面临的限制，指出标准化合作的重要性，并在企业生命周期与产业生命周期的基础上，分析处于生命周期不同阶段的中小企业所选择的标准化合作模式；在标准化实现所涉及的研发活动基础上，系统描述研发能力在中小企业标准化建设中的具体作用；最后，以山东昊月新材料有限公司为研究对象，研究中小企业标准化建设的具体实现过程，对所构建的理论框架进行验证，并在实证研究的基础上，对中小企业如何更好地推进标准化实现提出了有效的建议。整篇论文由六个主要的部分组成：

　　第一部分是绪论，主要阐述论文的选题背景和研究的理论与实践意义，明确界定中小企业、标准及标准化等基础术语的涵义，报告整篇论文的研究思路与方法，并提出详细的研究设计。

第二部分是理论基础与文献综述。在理论基础部分，回顾了与标准化相关的标准经济学、资源基础理论与生命周期理论等经典理论；在文献综述部分，则对标准化战略、标准化过程、标准化实现影响因素与所需能力、中小企业标准化建设研究等内容进行总结与分析，全面把握中小企业标准化建设的特点，为全文研究的纵深推进提供理论基础。

第三部分是中小企业标准化动力机制。首先介绍中小企业可为推进标准化实现所做的贡献及其在标准化实现中具有的特征；接着分别从中小企业内部与外部两个层面论述中小企业推进标准化实现的动力因素；最后在分析中小企业标准化内外部动力因素相互作用的基础上，提出中小企业标准化的动力机制模型。

第四部分是中小企业标准化合作模式。首先介绍了中小企业标准化合作的原理；接着从标准产业链结构出发，提出中小企业标准化合作模式主要有横向合作、纵向合作及混合合作三类，并对合作的具体方式进行了介绍；最后从企业和产业生命周期两个视角出发，对中小企业在生命周期不同阶段所选择的标准化合作模式进行分析。

第五部分是中小企业标准研发能力。标准化实现所涉及的研发活动有标准技术研发与标准产品研发等；在这一过程中，中小企业通过研发投入与专利产出等活动推动标准化的成功实现；在分析中小企业标准研发能力的具体构成基础上，论述了企业研发能力对标准化的具体作用机理，并结合我国上市中小企业相关数据，实证检验了上市中小企业的研发能力作用于标准化的机制与渠道。

第六部分是实证研究。依照案例研究选择、案例设计要素与质量标准，选择山东昊月新材料有限公司作为研究对象，并进行深入分析。基于对山东昊月新材料有限公司的企业官网、德温特专利数据库、国家知识产权局与相关新闻发布平台等媒体整理的相关数据、信息的处理，深入研究山东昊月新材料有限公司的标准化动力机制、标准化合作模式选择与标准研发能力，以对所构建的中小企业标准化建设相关理论框架进行检验与完善。

1.3.2 研究方法

论文的写作将从理论推演和实证研究两个部分展开，具体将用到的研究方法包括以下几个方面：

（1）文献研读法。借助网络学术搜索引擎、文献数据库等渠道，以"标准化""中小企业""中小企业标准化"等为主要关键词收集相关的文献资料，认真研读与分析，充分掌握"中小企业标准化"这个研究对象的内涵与性质，了解这个领域的学术研究进展，提出本书的研究方向与路径。

（2）演绎分析法。从中小企业的角度出发，对企业推动标准化实现的动力机制、标准化合作模式的选择及所需的相关能力进行分析，从而完成中小企业标准化建设理论框架的构建。

（3）案例研究法。在对中小企业标准化建设相关理论进行研究的基础上，借助具体的鲜活实践案例，对论文所构建的理论框架进行合理性与完善性检验。文章选择在标准化领域表现出众的山东昊月新材料有限公司作为研究对象，通过对企业官网、国家知识产权局、权威新闻网站等途径获取的山东昊月新材料有限公司标准化相关数据、资料进行分析的基础上，对山东昊月新材料有限公司标准化的动力机制、标准化合作模式深入研究，进而完成中小企业标准化动因与标准合作模式等的理论框架验证。

（4）计量经济分析法。根据中小企业标准研发能力对企业标准化的具体作用机理及模型，选择计量模型开展动态面板的数据分析，深入分析中小企业标准研发能力对标准化的具体作用过程。

1.3.3　研究思路

图1.1是本书的研究思路。首先是文献综述，包括中小企业标准化战略、过程、影响因素和相关能力，以及中小企业的标准化作用、组织形式、挑战与对策等。在对现有研究进行分析与评述的基础上，依据研究需要，提出本书的研究目的、将使用的研究方法与研究思路等。

其次，在论述中小企业在标准化中所发挥作用的基础上，从企业内部与外部两个层面论述中小企业推动标准化发展的动因，并在分析内外部动力因素间相互关系的基础上，构建中小企业标准化动力机制模型。

再次，结合标准化实现所涉及的活动及中小企业在标准化中所面临的挑战，一方面从标准产业链的角度出发，分析中小企业在企业与产业生命周期不同阶段所选择的标准化合作模式；另一方面从研发投入与专利产出两个层面说明中小企业标准研发能力对标准化的具体作用过程。

在完成理论推演后，以制定国际标准的山东昊月新材料有限公司为例，通过企业官网、国家知识产权局与权威新闻网站等不同途径获取企业标准化的相关数据资料，分析山东昊月新材料有限公司标准化的动力机制，标准化合作模式选择，企业标准研发能力等。

最后一个部分，就是在全面总结整个项目的基础上，提炼出本书可能存在的创新点不足，给出未来研究的重点与方向。

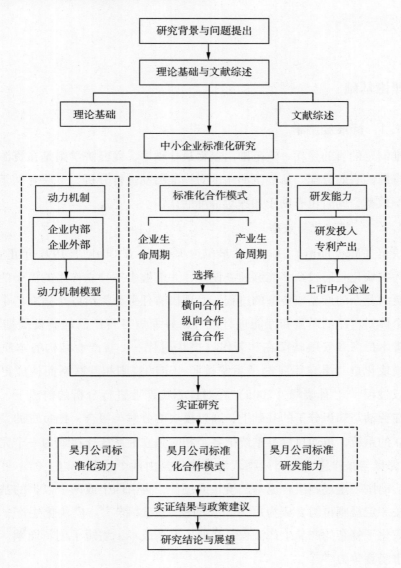

图 1.1 研究技术路线图

第 2 章 | 理论基础与文献综述

2.1 理论基础

2.1.1 标准经济学

标准制定的目的是在一定范围内获得最佳秩序，而经济学则是在资源稀缺基础上对资源的有效分配。从经济的角度对标准活动进行分析，不仅有利于提升资源的分配效率，同时也有助于加深对标准的认识。

2.1.1.1 模块化与效率

模块化（Modularity）这一概念最早由 Baldwin & Clark 于 1997 年正式提出，他们认为模块化是通过众多能够独立设计，并能够发挥独立作用的更小的子系统来构筑更为复杂的产品或业务的过程，管理层将任务分派给各个独立的个体，从而鼓励个体对产品的质量和性能进行改进，并缩短各自产品的研发周期[30]。日本学者青木昌彦和安藤晴彦在其著作《模块时代——新产业结构的本质》一书中认为模块化是"半自律"的子系统按照一定的规则相互联系而构成更为复杂的系统或过程[31]。孙晓峰（2005）在对计算机产业进行分析的前提下，认为模块化是在劳动与知识分工的基础上，通过模块的分解与组合，把负责的系统分解成为独立的系统，再通过标准系统把各个相对独立的系统连接成为一个完整的系统[32]。郭岚与张祥建（2005）则认为模块化是由两个或两个以上的不可拆分的单件或活动按一定规则组合成基础模块或过程，再由两个或两个以上的基础模块或过程按一定规则再组合成为更为高级的模块或过程[33]。模块化生产，深化了分工，简化了复杂的产品生产流程，降低了生产成本，缩短了创新周期，同时增强产品市场竞争力[34-35]。

随着技术的进步，产业间的分工进一步细化，产业链工序按照一定的"块"

进行分割与调整，演变成为产业模块化。一般来说，产业链模块化主要包含：产品体系或设计的模块化，制造与生产的模块化，组织形式或企业内部系统的模块化等三个层次[36]。产业的模块化打破了企业、产业与地域的鸿沟与隔阂，促进生产要素在企业与企业之间、产业与产业之间、地域与地域之间的整合，产业组织也就能够演变成一个非静态的生态系统[37]。因此，产业模块化越来越成为产业组织生产中最为常见的一种方式。

尽管产业模块化的生产方式在生产活动中具有积极的作用，但要发挥不同模块的最大效用，一个重要的前提条件是设计不同模块间的连接规则[38]。标准所具有的规范作用使其成为检验与测试模块化生产中不同模块性能的唯一方法。在这一作用过程中，标准将不同模块间的接口制度化与规范化，促进了产业模块化生产方式的发展；而产业模块化生产方式的快速发展又进一步促进标准在产业间的推行与扩散，从而提升标准在市场上的影响力。闫禹和于涧（2012）运用博弈分析方法对高技术产业的标准竞争进行分析，研究发现共享设计标准可以发挥企业专业优势，同时降低企业间的协调成本，而专业化的分工又可以将标准的竞争转化为各方的共赢[39]。明确的设计规则化解了不同模块间不兼容的问题，提升了模块的整体效率，而以标准为基础构建的产业链则成为企业参与标准的竞争的重要方式。

2.1.1.2　兼容与协作

安索夫从经济学的角度出发，认为协同是两个企业通过资源共享以实现共生共长，其最终目的是创造价值[40]。梁美健与吴慧香指出，各子系统协同行为生产的效用将超越各个要素自身单独的作用，从而形成整个系统的更大整体效用[41]。而兼容最初是一个计算机术语，主要指两个服务如果能够正确交互，则它们的行为就称为是兼容的[42]。引申到经济领域，兼容则是指不同产品或服务可以相互融合[43]。兼容意味着不同的产品有更多可接入与交换性。Katz & Shapiro（1985）认为产品兼容性有助于提高全行业的产出与福利水平[44]。在生产经营活动中，兼容与协作是两个相互作用的要素，兼容性的提高有助于促进协作的进一步开展，而协作的进行也在一定程度上要求不同组织间能够兼容。

模块化生产方式导致了标准的出现，而兼容性则促进了模块间协同合作的开展，一项兼容性更强的标准更容易取得标准竞争的胜利，HD-DVD 标准在下一代

DVD 标准竞争中的胜利即是一个很好的证明。随着技术创新复杂性的提升，技术标准化也越来越受到产业链中不同模块间兼容与协作的影响。李薇和邱有梅采用博弈模型研究技术标准研发过程中的相关决策行为，结果发现技术领先企业与生产企业间的协作，比单独研发时具有更高的投资水平，并能承受更大的技术不确定性与具有更强的技术标准化能力[45]。此外，相对于市场机制，纵向合作机制在促进标准市场扩散方面具有更明显的优势[46]。兼容与协作对标准化的影响，使得协同创新网络成为推动标准化实现的重要组织形式。协同创新网络的出现，大幅度提高了企业的标准化能力，同时也为其在标准竞争中提供了强有力的支撑。因此，发挥协同在标准化中的最大效应是获得标准竞争胜利的重要原因。

2.1.1.3 网络外部性与竞争优势

网络外部性也被称为网络效应，主要分为直接网络效应与间接网络效应。直接网络效应是指使用同一产品的消费者可以增加使用同一产品消费者的效用，较为典型的有电话、传真机等；而间接网络效应则是指消费者增加某一产品的配套产品或服务的需求，其总体效用就会得到提高，典型产品如 VCD 播放机，应用商店等[47-48]。

网络外部性的存在，首先，会因为市场中的消费者从现有特定产品的消费中获得了比较高的总效用，不愿意随便改变现有已形成或已固化的消费行为习惯，使得新产品在进入这个市场的过程中困难重重[49-50]；其次，消费者的支付意愿也会随着网络规模的扩大而不断降低，从市场的角度来看，这样有利于对市场结构进行调整，也便于市场淘汰竞争力不强的企业，强化集中的程度[51]；再次，使得网络临界容量成为一个关键变量，不能达到相应规模的网络会逐渐萎缩，最后必将被市场抛弃[52]。作为技术集合体的标准，呈现出显著的网络外部性[53]，影响着市场上标准的选择与竞争。帅旭与陈宏民从外部性的角度研究联通 CDMA 标准与移动 GPRS 标准的竞争，研究结果表明，随着中国移动市场的发展与网络效应的影响，中国联通将在市场竞争中获胜[54]。陶爱萍与沙文兵研究了网络外部性与标准的锁定效应之间的关系，指出这种关系会带来寡头垄断[55]。此外，网络外部性主导的市场，会极大地激发企业进行研发，而标准作为研发的成果，又影响着产业的发展[56]。因此，研究网络外部性，对企业参与标准化有着重要作用。

综上，随着技术与经济的发展，标准并不仅仅只是作为技术或操作的规范，更是成为影响资源效率与市场竞争的重要因素。其主要表现为：首先，标准作为产业链模块间的技术规范，为产业链专业化的分工提供了依据。产业链的模块化不仅优化了产业链中资源的配置，同时也提升了产业链中资源的利用效率；其次，标准作为统一的连接规范，降低了产业链不同模块间合作的成本，促进了协作的开展，提升了产业链整体合作的效率；最后，标准具有的网络外部性，通过提升标准的消费效用与锁定效用，影响着企业在市场中的竞争力。因此，从经济学的角度对标准进行分析，不仅有助于了解中小企业推进标准化实现的动力机制，同时也为标准化过程中中小企业选择合适的标准化合作模式提供了依据。

2.1.2　资源基础理论

任何一家企业的生存与发展，无论在什么阶段，都需要各种资源的支撑。一旦这些资源在相应企业中不可随意地流动与复制，企业也就获得了或者说形成了核心竞争力[57]。

2.1.2.1　资源与能力

关于资源的定义，沃纳菲尔特（1984）认为资源是半永久属于企业的那些有形或无形的资产[58]。Barney（1991）则把能够提高企业战略效果的所有资产、能力、流程与信息等看做是企业的资源[57]。Grant（1991）从财富、物质、技术、人力、声望与组织资源等六个方面来理解企业资源，但他强调所有的资源只有在有效结合之后才能真正发挥作用，而这个资源结合的过程就是企业的能力[59]。Amit 和 Schoemaker（1993）也认为企业能力是企业运用资源来达到企业目的的一种能力[60]。郑江淮（2001）则认为企业首先通过市场通道吸收各种外部能力，并通过企业内部通道将获取的各种资源进行协调、扭结，这一过程就是企业能力的建立过程[61]。所以说，企业资源价值的实现没有企业能力的运用是不行的，而企业能力的大小又以企业资源的多少与强弱为基础。

2.1.2.2　资源与发展战略

企业资源的异质性与不可流动性，影响着企业战略的选择与实施。首先，企业资源与超平均利润之间存在着这样的联系：企业资源→竞争优势→超平均利润。为了保持企业长期的竞争优势，企业将尽可能地保持可耗尽性低，交易性较差，仿制性与替代性也较差的资源，而选择将其他资源与其他企业进行交易[62]。

其次，虽然企业的生存发展需要各种资源，但单一企业所拥有的资源总是有限的，因此，为了企业的进一步发展，在选择合作伙伴时，企业往往希望可以找到那些拥有稀缺且难以模仿资源的企业[63]，通过购买或合作的方式获得企业发展所需的资源。最后，全面深入了解企业的资源结构与形成过程，既是了解企业已有成就的影响因素与作用机制，也是制定企业后续发展方向与发展路径的根本遵循[64]。

作为企业运营活动开展的基础与企业发展的重要条件，资源不仅决定了企业标准化战略的选择，也影响着标准化实现。一方面，由于资源的不可流动性，为了企业的进一步发展，企业往往会依据自身所掌握的资源，制定出符合企业实际的标准化战略；另一方面，企业掌握的资源，决定着其所具备能力的类型与强弱，这影响着该企业在标准化中所扮演的角色与所发挥的作用。因此，对资源基础理论的了解，有助于分析标准化过程中中小企业的合作模式及其所具备的标准研发能力。

2.1.3 生命周期理论

任何事物的发展都会经历一定的生命周期，具体生命周期阶段如图 2.1 所示。以事物的规模或种类为依据，事物的发展通常会经历孕育、成长、成熟与衰退四个阶段。对事物生命周期阶段的分析，是了解事物的重要前提。

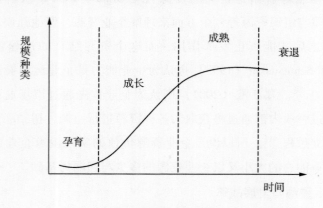

图 2.1　事物生命周期阶段

2.1.3.1 企业生命周期

企业生命周期理论的基础是把企业看作一个系统，企业系统在不同阶段有不同特征与不同问题，需要权变的选择解决问题的战略与方法[65]。而关于企业生命周期阶段的划分，学者们从企业规模、收入、组织复杂程度等方面进行了划分，得到的结论也各不一样。如 Scott（1983）[66]，Smith（1985）[67] 等将企业生命周期划分为三个阶段；Kazanjian（1988）[68] 等则将生命周期划分为四个阶段；Lewis & Churchill（1983）[69]，Greiner（1972）[65] 等认为企业生命周期划分为五个阶段。尽管学者们关于企业生命周期阶段的划分意见不一，但关于不同阶段所呈现的特征则基本相似。例如在企业成立初期，产品单一，组织结构简单，管理方式集权等；到了成长期，企业快速扩张，产品种类增加，组织结构越来越强调规章制度；到了衰退期，企业面临变革的压力，变革的结果就是企业要么死亡，要么进入发展的阶段。

企业在生命周期的不同阶段，因为所掌握资源与企业目标的不同，对应的在不同阶段，企业选择的创新战略[70]，创新路径[71] 与创新模式[72] 等都各不相同。因此，对企业生命周期的研究，以及企业整合资源，提高资源利用率，推动企业发展有重要作用。

2.1.3.2　产业生命周期

产业生命周期指产业从产生到衰亡及共同规律性的厂商进入或退出行为的变化过程[73]。因为产业是某类产品的集合，关于产业生命周期的研究，主要是从产品生命周期的研究演变而来[74]。Gort & Klepper（1982）在对产品数量变化进行研究的基础上，按产业内厂商数量变化，将产业分为引入、大量引入、稳定、退出与衰退五个阶段，这也被称为 G-K 产业生命周期理论[75]。Klepper & Graddy（1990）进一步关注技术内生化的发展，将产业生命周期划分为成长、淘汰与稳定三个阶段[76]。Agarwal & Gort（1996）则通过危险率的引入，对这一概念做了更为精密的分解[77]。尽管不同学者不同的研究对产业生命周期阶段的解读和分解不完全一样，但在一个认识上仍然取得了一致，即：在这个重要周期的不同阶段，产业内的产品与厂商数量都处于变动状态。

产业生命周期的不同，影响着产业内企业创新的开展。黄莉莉与史占中认为产业内企业在产业生命周期不同阶段中的创新特征不一，对应的企业选择合作创新的路径也不同[78]。花磊和王文平则采用仿真的方法，对产业生命周期不同阶段下最优集体创新网络结构进行了研究，研究结论发现产业生命周期阶段，不同的网络特征影响集体创新的效率[79]。Bos（2013）等研究发现在产业生命周期的不同阶段，产品的创新程度不同，对应的产业内企业做出的创新策略亦有所不同[80]。Tavassoli（2015）则从相反的视角，研究企业创新决定因素对产业生命周期的影响，结果表明企业的创新倾向与创新强度在不同阶段并不相同[81]。因此，对产业生命周期的研究，有助于企业了解其所进入某一产业时所处的阶段，并依据产业阶段的特征做出正确的决策。

作为企业与产业发展的重要规律，在生命周期发展的不同阶段，企业内部资源结构与外部产业环境所呈现出的特征都有所不同。当企业内部资源结构与外部环境发生变化时，为了最大化企业资源的效用以实现企业目标，企业应综合内外部因素，动态调整其行动。因此，从生命周期发展的动态角度出发，有助于分析中小企业在企业所处产业生命周期不同阶段中，选择不同的标准化合作模式。

2.2 标准化战略研究综述

经济全球化使市场的边界越来越模糊，国家之间的市场，或者地区之间的市场通过自由贸易协定等制度安排逐渐走向一体化发展的道路，这也使得国际市场上的竞争从内容到形式都发生了巨大的变化。标准在这个过程中，无疑呈现出越来越重要也越来越显著的作用。为了在国际竞争中占据主动，获得更多的话语权、更多的主动权以及更多的市场利益，各个国家、地区和企业都纷纷推出了自己的标准化战略。

2.2.1 国家标准化战略

为了减少国际贸易中的障碍，WTO 在其制定的《技术性贸易壁垒协议》中允许各国为保护环境、保护人类健康、动植物安全等而制定、采用和实施技术法规、标准、合格评定程序等强制性或非强制性的技术性限制措施。标准作为一项贸易技术壁垒，影响着一国国际贸易的开展。Swann、Temple 和 Shurmer（1996）分析了标准存量对英国贸易的影响，发现英国的国家标准比国际标准对其本国进出口贸易有更大的积极作用[82]。Blind（2001）在 Swann 等人研究的基础上，考察了德国标准量对德国进出口贸易的影响，结果显示贸易额与标准量之间存在着明显的关系[83]。随后，Blind & Jungmittag（2001）将研究进一步深入，采用面板数据对标准在进出口贸易中作用进行研究，结果发现，国家标准阻碍进出口贸易的进行，而德国采用的国际标准则促进了进出口贸易[84]的进行。Moenius（2004）在对标准进行分类的基础上，通过运用引力模型发现，不同类型的标准在促进贸易流动方面都有积极作用[85]。Maertens &Swinnen（2009）则对塞内加尔的蔬菜进出口进行调查研究，结果发现标准推动了出口的增长，提高了农民的收入[86]。国内方面，陶元忠和马烈林（2012）的实证结果表明，增加标准的规模，能够促进我国出口贸易的发展[87]。宋明顺与张华（2012）从法理性、网络性、传播性等方面分析了标准对贸易促进的作用机理，并以 GSM、MPEG-2、CDMA 等标准为案例佐证了标准对贸易的促进[88]。陶爱萍与李丽霞（2013）在分析 12 个国家面板数据的基础上，得到标准数量在一定量时会促进进出口，但超过了这个量，标准对进出口就会产生异质作用的结论[89]。

除此之外，国内外学者们也从经济的角度对标准进行了研究。任坤秀（2012）、张天宇（2017）对我国标准与经济数据进行了分析，结果发现国家标准是国民经济增长的重要动力之一[90-91]。赵树宽等（2012）在 VAR 模型的基础上，通过 Johansen 协整检验、Granger 因果关系检验、脉冲响应函数、方差分解等方法，充分证明了标准能够有效推动经济增长[92]。Jungmittag 等（1999）将标准引入柯布-道格拉斯函数，研究了标准对德国经济增长的影响[93]。

标准对国际贸易与国家经济增长的影响，使得各国都采取了各项措施，以此提升自己国家的标准竞争力。Choung 等的研究结果表明，一个国家应当将国内标准置于第一考虑范畴，尽快扩大用户基础，一旦这个国家成为先进组织成员时，就可以形成国家的独立标准[94]。当用户基础规模不足时，也可利用标准的技术特性，加强技术的研发，推动技术质量超过临界值，从而形成事实标准[95]。孙晓红则从研发成本的角度研究技术后发国家实现标准技术追赶的可能与合理性[96]。

2.2.2　产业标准化战略

随着分工与模块化生产的大量出现，为了加强各模块间的联系，同时提升产业整体效率，就不断涌现出了产业标准，这些产业标准就是确保模块间有效衔接与联系的具体规则。童时中（2001）强调产业标准将逐步从产业内产品生产或企业经营、管理最终体现到具体的产品上。随着模块化分工发展而出现的产业标准，在巩固模块化成果的基础上，也提升了产业内企业的分工水平。此外，作为标准的一个组成部分，产业标准也影响着国家行业出口的竞争力[97]与进出口贸易额[98]。

由于产业生态环境的复杂与标准的公共属性，产业标准的制定离不开政府的参与。政府主要制定产业政策推进产业标准制定与干预产业内标准的竞争[99-100]。

2.2.3　企业标准化战略

随着技术与经济的发展，企业间的竞争不再局限于技术与产品的竞争，而是转向了基于标准的竞争。对企业而言，标准战略实施，实质是利用标准抢占市场，形成技术优势，从而获取最大经济效益[101]。同时，标准作为一种秩序，是技术壁垒的最主要内容，实施标准化战略，提高企业竞争力，是企业获取最大效益的保证[102]。此外，实施标准化战略，在一定程度上也会通过降低技术研发中的经济风险与研发成本来推动企业开展创新活动[103]。

对企业竞争优势与创新的影响使得大量企业加入标准化过程中。Lee &Mansfield（1996）明确提出，能够将标准化、知识产权战略有效结合起来，有效开展商业化运作的企业，才是现代成功的企业[104]。因此，专利与标准的结合越来越紧密，企业内部专利和标准须臾不可分离，越来越多的企业实施"技术专利化、专利标准化"的战略[105]。

从上述分析可以看出，尽管在不同国家、不同阶段、不同环境中，标准的具体作用大不相同，但标准对国家、产业与企业发展所产生的重要而积极的作用是不可置疑的。

2.3　标准化研究综述

专利技术成功实现标准化不是一蹴而就的，而是一个动态的发展过程，技术、市场、政府等各种因素也会对这个过程产生不可或缺以及不容忽视的影响。为了约束这些因素可能带来的负面影响，有效完成从专利到标准的跳跃，企业在标准化不同阶段所要解决问题的基础上，还需要充分掌握和具备 R&D、管理等多项能力。

2.3.1　标准化阶段

标准化的实现是标准技术研发、完善、扩散的过程，结合生命周期理论，可将标准化的这一过程视作标准化的生命周期。关于标准化生命周期的研究结论主要如下：

2.3.1.1　三阶段

Onller（1988）从标准研发的角度出发，将标准化阶段划分为前标准化阶段（Pre-standardization）标准化阶段（standardization）及后标准化阶段（Post-standardization），且在不同的阶段，阶段的活动与目标有所不同。前标准化阶段主要是进行标准研发与市场需求考察，标准化阶段则是进行与标准制定相关的活动，后标准化阶段则主要是对标准进行开发、生产，为将标准推向市场奠定基础[106]。Egyedi & Mirjam（1996）在描述标准化过程时，认为其中包含了决定标准化的计划阶段（planning）、达成一致的（negotiation）协商阶段和标准的执行阶段（implementation）三个阶段[107]。Weiss & Spring（2000）仔细剖析了标准的知识产权特性，将标准的生命周期阶段分为三个阶段，即完成标准规格确定的开发阶段，应用与扩散标准技术的扩散阶段，测试标准产品的相关性能的审查阶段[108]。

2.3.1.2　四阶段

Hanseth & Braa（1999）通过对标准化过程案例的描述，提出标准化过程包括定义标准需求的概念阶段（conception），明确标准内容与范围的定义阶段（definition），标准产品研发生产的实施阶段（implementation）与标准使用的应用阶段（Usage）[109]。de vrie（2002）从企业内部单独研发标准的视角出发，认为标准化实现经历的阶段有：准备阶段（prioritising）、开发和修改阶段（development and revision）、引入阶段（introduction）与分发阶段（distribution）[110]。Koller et al（2003）首次加入了标准产品的许可活动，将标准化过程分为制定阶段（definition）、实施阶段（implementation）、许可阶段（certification）与应用阶段（Usage）四个阶段[111]。

除此之外，还有学者将标准化生命周期划分为五阶段[112]或七阶段[112]的情况。对标准化进行阶段划分，并对不同阶段所具有的特征与主要活动进行分析，有助于企业有针对性地对标准化过程进行管理。

2.3.2　标准化影响因素

标准化的实现是一个复杂的、充满着各种不确定的过程，一项技术成功实现标准化，受到的影响因素主要有以下几类。

2.3.2.1 技术

技术是标准化的重要基础，一项成功转化为标准的技术往往具有先进性、兼容性、成熟性与可控性等特征。首先，因为一项标准往往是要在相当长的一段时间内发挥其规制的作用，这也意味着与其他技术相比，构成该项标准的技术不仅要能够在降低成本、提升性能方面表现优秀，同时也要符合技术未来的发展趋势[113]。其次，标准技术的兼容性可以有效地降低标准用户的多归属行为，进而提升标准的市场竞争力[114]。接着，成熟度高的技术意味着该项技术的性能较为稳定，已满足实际应用的需求，能够更为容易的实现成果转化[115]。最后，技术的可控性代表该项技术的受限制程度，限制程度高则表明该项技术的可应用范围较小，反之，限制程度低的技术则拥有广泛的应用范围[116]。因此，企业在选择标准构成技术时，要全面衡量该技术的特征，从而提升该项技术成功转化为标准的可能性。

2.3.2.2 政府

由于标准的公共属性与市场失灵的存在，政府对标准的干预就不可避免[117]。一方面，政府所掌握的资源影响着标准化的实现。政府掌握着如产业政策制定、行业规制等标准化实现的关键资源。这些制度资源的具备，降低了标准化实现过程中的不确定性[118]。除了制度资源的影响，政府在标准技术研发方面的直接投资，也为加速标准化实现做出了贡献。

另一方面，政府对标准竞争的干预，避免了多重标准而出现的资源浪费[119]。其主要原因在于：（1）政府对标准技术择优扶强的做法，既通过竞争研发了更优的技术，同时也避免了标准竞争前合作引发的方向错误[120]。（2）在市场最终标准确定前，企业间都在大力推动自身技术成为标准。同一领域技术的相似性，加剧了企业间竞争。政府所采取的引导措施，则提前确定了标准的技术方向[121]，为产业中企业开展技术创新指明了方向。

2.3.2.3 市场

制定的标准最终要应用到市场，进而实现其价值，而一项标准能否被市场接受，受到以下因素的影响：（1）标准用户基础规模。标准具有显著的网络外部性，换言之，即标准搭载的软硬件产品越多，或标准用户数量越大，标准用户通过标准所能获得的效用也就越高。因此，标准用户的基础规模大小影响着标准的市场竞争优势[122]。此外，标准也具有明显的规模经济，即标准产品的边际成本随着产品数量的增加而不断下降。当用户基础规模达到一定时，市场对标准产品的需求使得标准产品生产具有了成本优势，成本的优势又通过智能反馈效应吸引更多的标准用户[123]。（2）市场转换成本。标准网络外部性的存在，使标准具有"锁定"效应，即由于各种原因，导致标准用户从某一标准转换到另一标准时转移成本高到不经济，从而使得标准用户在选择某一标准后就很难退出[124]。标准的用户"锁定"效应，为技术标准的转换设置了一道壁垒[125]。

综上分析，标准化实现的影响因素众多，但每一因素并不是单独产生作用，而是彼此间相互联系又相互作用，共同作用于标准化的实现。因此，为了更快更好的推动标准化成功实现，要在综合考虑各项因素的基础上，制定出合理的标准化战略。

2.3.3　标准化所需能力

一项标准的成功制定，不仅需要整合大量的资源，同时还要实现资源的高效利用。标准化中多样资源的整合与运用就需要企业具备相应的能力。

2.3.3.1　R&D 能力

资源基础理论认为 R&D 能力是企业创新的重要资源，而技术实现标准化的一个重要条件就是技术创新，具备 R&D 能力的企业在技术创新方面更具优势[126]。因此，R&D 能力是技术标准化实现的一种必需能力。Nerkar & Paruchuri（2005）指出企业的 R&D 能力是企业寻找、获取与利用现有知识，并产生新技术、知识与产品的能力[127]。高山行等（2009）则认为企业的 R&D 能力是一个包含资源投入、成果转化与组织集成等能力的集合体[128]。方放与王道平等（2010）在指出 R&D 能力是核心技术与必要专利获取的源泉，是标准化设定基础的前提下，认为 R&D 能力主要由 R&D 战略能力、内部 R&D 能力与外部协作 R&D 能力等构成[129]。

企业 R&D 能力的充分发挥受到多种因素的影响。Rothwell 研究认为影响 R&D 能力主要有企业内外部交流，创新任务，制定的计划及控制程序，个人因素等[130]。Cooper 则指出准备工作，客户要求，产品定义与优势，资源的充足，跨职能团队的强大等要素影响企业 R&D 能力的发挥[131]。为了提升企业的 R&D

能力，不仅要增加企业的 R&D 投入，同时也要注重构建企业的 R&D 网络。R&D 投入的增加，有利于提升企业在人才、创新与产品的资源优势；而构建的 R&D 网络则为企业提供了一个良好的 R&D 支撑体系，以实现 R&D 的良性循环[132]。

2.3.3.2　管理能力

作为标准化过程的参与主体，一个运行高效的企业是标准化成功实现的关键。因此，对企业进行管理必不可少。因为企业处在一定的技术、市场与竞争环境中[133]，因此企业的管理分为企业内部管理与外部管理。

（1）内部管理。企业内部管理指企业为了获得最大利润与长远的发展，将周围环境与自身实际相结合，有计划地对企业内部设置的各项职能进行指挥、调节与监督[134]。通过管理制度的设计与实施，充分激发了企业员工的积极性与创造性，并最大限度地发挥了人力资源的潜力，推动企业的不断发展[135]。此外，企业在制定标准化战略时，涉及企业内部员工、设备与资金等各项资源，企业的内部管理，厘清了不同资源间的关系，并通过资源间的协作，实现了资源整体效益的最大化。

（2）外部管理。技术标准化绝不是一个简单的过程，单个企业独立完成都皆非易事。解决这个问题的一个有效途径就是主动组建或者积极加入一个相关的标准联盟。在此情况下，企业的外部管理就是与联盟或网络中的其他成员做好互联互通，从而快速高效地实现联盟或网络的整体目标。一方面，因为联盟或网络中的成员存在差异，进而导致成员间冲突的产生。对冲突的管理，有助于联盟成员间的相互学习与监管联盟机会主义的产生[136]。另一方面，黄俊等通过对我国汽车行业制造商与供应商之间组建的纵向联盟进行分析，发现联盟中的交流合作，共享合作与公平合作等管理程序影响联盟整体绩效[137]。

除了 R&D 能力与管理能力外，标准化实现所需的能力还有企业在技术活动与资源方面知识与技能总和的技术能力[138]，联盟能力[139]等。

由上述分析可知，标准化的实现受到技术、市场等多项因素的共同作用。因此，在制定标准化战略、推进标准化实现时，要综合考虑多项因素。

2.4　中小企业标准化建设研究综述

在世界各国纷纷制定与实施标准化战略的背景下，大量的企业加入了标准化的过程中，而在企业总量中占了大多数的中小企业也不可避免的参与其中。

2.4.1　中小企业标准化建设作用

对于中小企业而言，参与制定技术标准的作用有以下几点：

（1）提升企业竞争优势。首先，因为中小企业往往缺乏战略思想，易把企业的短期计划当做企业的发展战略，结果耽误了企业的发展。而标准化战略的实施，通过推动中小企业创新生产要素，促进产业链发展，淘汰落后技术与产品，优化产业结构，提升产业竞争力等，进而提升中小企业的竞争力[140]。其次，通过参与标准化，有助于增加中小企业对法律法规、市场技术水平、市场需求信息等的了解，从而有助于增强企业竞争力[141]。最后，标准化的实行，促进了企业与市场间的沟通，在降低市场风险的同时，提升了企业产品的质量与档次，提高了企业的市场竞争力[140,142]。

（2）影响企业创新行为。毕克新等（2007）从进出口贸易的角度出发，认为标准所传递的知识存量与功能需求等信息不仅影响中小企业技术、信息、人员与设备等创新要素的投入，同时也影响中小企业研发、设计、创造等创新过程，并最终影响中小企业的创新效果[143]。在此基础上，毕克新等（2008）又进一步分析了技术标准对中小企业创新产品数量与价格的双重复合作用机理[144]。

（3）增加企业经济收益。标准的战略指导作用，为中小企业的发展指明了方向，企业通过参与标准或与标准相关的活动可增加自身经济收益[145]。此外，标准化与产品种类、质量与发展等直接相关，企业参与标准化，才能使自身产品符合市场要求，在降低成本的同时，提升自己的利润空间[146]。

2.4.2　中小企业标准化组织形式

标准化过程的复杂性使得没有哪一家企业能够单独完成这一过程，中小企业更是如此。因此，中小企业往往通过联盟、开发区、创新网络等多种多样的方式参与到标准化中。

2.4.2.1　标准联盟

根据学者研究侧重点的不同，标准联盟也称为技术联盟、技术标准联盟或技术标准化联盟，但不管何种称呼方式，标准联盟的最终目标都是推动研发的技术实现标准化。标准联盟组建的作用主要有以下几点：

（1）减少了交易成本。一方面，标准专利化的趋势，使得一项标准往往涉及大量的专利，单一标准构成专利之间的协调整合，在很大程度上增加了同一标准间的交易成本。当标准专利组间互补时，标准联盟的存在，就能大幅度减少企业间的交易成本[147]。另一方面，专利作为一种私有产权，其较强的资产专用性容易诱发专利持有者的"敲竹杠"行为或利用标准带来的"捆绑效应"增加收益，标准联盟设置的内外部规制有效降低了专利交易中的机会主义成本[148]。

（2）扩大了标准安装基础。首先，标准联盟为产业发展纵向搭建的平台，可集合联盟成员间力量，迅速为标准构建起一定规模的市场用户基础，扩大标准市场应用范围，提高标准被市场接受的概率[149]。其次，联盟内成员提高了标准的网络外部性，标准平台上兼容产品数量的增多，迅速扩大了标准的用户基础规模[150]。最后，通过技术交流与合作建立的联盟，在整合标准产业链的基础上，为市场提供具有竞争力的产品，从而抢占市场份额[151]。

（3）降低标准化风险。标准联盟整合了不同企业的优势资源，不同优势资源的整合不仅能够提高联盟整体竞争优势[152]，同时也有助于提高标准化成功的概率。此外，联盟对产业链上下游企业的整合，抵御了外来的风险[153]，为标准化的发展提供了良好的环境。

2.4.2.2　高新技术产业开发区

高新技术产业开发区是改革开放后中国在一些大中城市及沿海地区建立的以发展高新技术为目标的产业开发区。在高新技术开发区内，以高新技术为主的产业发展，不仅集聚资源，同时开展自主研发[154]。高新技术产业开发区以专业化、集群化的发展态势，集合了大量的创新优势资源，在拉动我国经济增长的同时，也成为了我国高技术产业标准化的重要载体[155]。以深圳示范区为例，在2006—2008年，示范区内的高新技术企业总共参与制定或修订了国际标准246项，国家标准344项，行业标准447项[156]。

2.4.2.3　高技术企业创新网络

随着技术发展与标准化需求的紧密联系[157]，关于创新的研究也从简单的线性模型转化为非线性的网络模型[158]。作为一种针对系统性创新的制度安排，技术创新网络具有一定程度的非正式隐含特征[159]。而以高技术企业为主的高技术企业创新网络则是以技术资源互补、技术创新与进步为目的的，以研究标准化过程为主要内容的各种协作制度与创新关系。该网络通常具有以技术标准合作，研究开发为基础，是国家创新体系开放与国际化结果等特征[160]。协作研发力度、标准化、知识转移等的发展都能推动高技术企业创新网络的发展[161]。反之，高技术企业创新网络也以其整合资源、降低风险等的作用推动标准化发展。

2.4.3　中小企业标准化建设障碍及对策

张纯义（1998）通过对中小企业标准化的调查发现，尽管大多数企业的标准化工作进展良好，但部分中小企业仍存在着没有标准文本，相关标准不全，检验标准不全和出产产品未按标准检验等问题，针对存在的上述问题，企业应普及标准化知识，健全组织，搞好标准情报与监督[162]。

寇艳丽（2005）、段远鹏（2009）等从技术创新的角度，认为中小企业存在着创新资金不足、创新主体错位、技术工艺落后、生产能力不强、科技人才缺乏等问题。对应上述问题，解决的措施有保证创新资金的投入，营造良好的人才环境，合理安排组织结构，健全管理制度与强化企业家的创新精神等[163-164]。

程望奇（2012）以湖南省为例，认为中小企业在标准化中面临着企业管理者认知差异，标准化管理机制束缚与标准化人才不足等问题。为了加强标准化建设，所采取的对策有政府协调与市场竞争相结合的机制，加大宣传力度与激励，协会与园区加强结合，加强管理与拓宽服务相结合等[165]。

潘丽丽与黄曼雪（2015）则认为由于标准化机制的约束、政策力度不足与企业资源缺乏等原因，中小企业标准化中存在被动参与、形式大于实质、标准化认识不足等问题。为了有效促进中小企业参与标准化，可采取的措施有适当的机制微调，加大政策倾斜与外部协助，中小企业内部资源优化等[166]。

为了得到提升自身竞争优势，获得进一步发展，越来越多的中小企业以不同的形式参与到了标准化活动中。为了享受到标准化实现所带来的益处，中小企业应根据自身特点，灵活制定自身标准化战略，从而更好地发挥其在标准化中的作用。

综上所述，实施标准化战略，推动技术实现标准化对国家、产业与企业的发展具有不容忽视的作用。但专利技术成功实现标准化不是一蹴而就的，而是一个动态的发展过程，技术、市场、政府等各种因素也会对这个过程产生不可或缺及不容忽视的影响。为了克服不同因素所带来的不利影响，在完成阶段性目标的同时，推动最终目标实现，参与标准化活动的企业需要具备 R&D、管理等能力。

而占企业绝大多数的中小企业，作为市场活动参与的重要主体，成为标准化发展的重要推动力，同时因为规模较小、资源较为缺乏，中小企业标准化建设的过程面临着更为严峻的挑战。但由于现有研究主要是理论层面的简单论述，因此，使得关于中小企业标准化建设方面缺乏系统深入的研究。本研究对中小企业标准化的动力机制、标准化模式及影响因素方面的研究，具有很好的前瞻性与应用性，对提升我国中小企业在标准化中的作用具有理论研究与实践指导意义。

2.5　本章小结

本章首先介绍了标准经济学、资源基础理论与生命周期理论等本研究的理论基础，从而为后续研究的进行提供理论指导；接着对标准化战略、标准化过程、影响因素及所需能力研究现状进行分析总结，从而明确实施标准化战略的重要性及全面了解标准化实现的具体过程；最后从标准化作用、组织形式、实现障碍及对策等方面对中小企业标准化建设现状进行分析与总结，指出现有研究主要集中于理论层面的分析，缺乏深入的机理与实证研究。尽管企业规模较小，但中小企业的标准化实施过程仍是一个复杂的过程。因此，对中小企业参与标准化活动的动力机制、标准化模式及影响因素等进行全面系统的研究，具有一定的理论意义与实际价值，值得进一步研究。

第3章 | 中小企业标准化动力机制

标准化的实现不仅是一个复杂的过程，同时也是一个高投入与高风险的过程。作为规模较小、资源不充足，且以生存与发展为首要目的的中小企业，制定标准化战略，参与标准化过程，是一项至关重要的决定。本章在分析中小企业在标准化作用及其标准化所具有的特征基础上，探究中小企业标准化动力的具体作用，以期为进一步发挥中小企业在标准化建设中的作用提供前提条件。

3.1 中小企业在标准化建设中的作用

标准化的实现并不仅仅只是完成标准技术体系的构建，更是需要完成标准的市场扩散。因此，标准化的完成需要在技术与市场两方面进行努力。结合中小企业的特征，可知其在标准化建设中的作用主要有以下几个方面。

3.1.1 技术方面

标准化过程所涉及的技术主要包括标准构成技术与标准产品技术，标准构成技术决定着标准的技术含量与性能，是标准能否被市场接受的重要基础；标准产品技术则通过影响标准相关产品的种类与数量，进而决定着标准市场扩散的速度与范围。

3.1.1.1 标准技术

在标准市场需求的作用下，为了更好地促进效率、减少交易成本，围绕标准出现了大量的专利池。专利池（Patent Pool）通常指多个专利持有人之间为分享彼此的专利技术或统一对外进行专利许可而形成的正式或非正式的联盟组织[167]。在围绕标准所形成的这一专利池中，聚集着大量标准化实现所需的专利。依据专利技术在标准的重要性及可替代性，构成标准的专利又可分为核心专利与从属专利，如图 3.1 所示。

核心专利指那些在某一技术领域中处于关键位置，对技术发展有突出贡献，对其他专利或技术有重要影响且能产生重大经济价值的专利[168]。而从属专利则是指该专利是基于前一专利开发出来的，且本专利的实施依赖于前一专利的实施[169]。由定义可知，核心专利在技术性能、对标准的重要性及价值上都十分重要，这也就对标准核心专利的研发企业掌握的资源与具备的能力提出了很高的要求。因此，核心专利通常由研发资源充足与研发能力强大的大型企业完成。

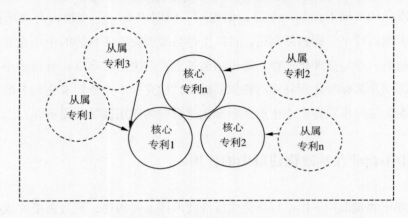

图 3.1　标准专利池结构图

相对于大型企业，中小型企业在技术研发方面具有的优势有：（1）中小企业组织结构简单，能根据市场快速做出研发决策。大企业因为企业规模大，设置的职能部门多，管理复杂，在进行研发决策时不仅耗时长，从而落后于市场变化，而且也可能会因为参与决策部门多使得研发决策在实施过程中出现偏差。而中小企业则可凭借其高效的决策过程，快速应对市场需求的变化；（2）中小企业因为主营业务的单一，可在该业务范围内进行深入创新。相对于大多数大型企业的多元化经营，中小企业因为员工数、资金等方面的限制只在某一领域内开展经营，这也使得其在该领域积累了相当的技术与经验。因此，中小企业往往可在其业务范围内开展进一步的创新。

相应的不足也表现为：（1）中小企业 R&D 资源相对缺乏，R&D 能力相对较低，难以完成复杂的技术研发。一项复杂技术的研发，通常只有具备充足的R&D 资源与强大的 R&D 能力才能完成。中小企业在成立时，就受限于资源的不足，因此，在后续的技术研发时就难以满足复杂技术研发的要求；（2）中小企业技术研发的单一，使得其应对研发风险的能力较弱。技术研发本身就充满了不确定性与风险性，一旦技术研发失败，在技术研发方面的投资就成为沉没成本。为了降低与分散研发风险，大型企业往往同时开展多项技术研发。中小企业因其研发方向相对单一，承担着较高的技术研发风险。

综合中小企业在技术研发方面的优势与劣势，同时考虑到标准核心技术的价值，可知中小企业所研发的技术通常成为标准专利池中的从属专利。

3.1.1.2　标准产品技术

标准产品是标准化成功的重要基础，在标准网络外部性的影响下，标准产品数量与种类越多，标准市场扩散的范围就越大，而中小企业在产品创新方面的优势使其成为了标准产品研发、生产的主力军。

（1）中小企业与市场用户的亲密接触，使其能够快速研发出符合市场需求的标准产品。中小企业因其规模小，其产品的研发、生产与销售所经历的渠道都较短。很多时候，与大型企业的逐层代理方式不同，中小企业都是直接与市场上的消费者进行接触。与消费市场的直接接触让中小企业在第一时间就能察觉到市场消费者需求的变化。同时凭借组织、决策与生产方面的灵活性，中小企业能够根据标准技术要求与市场用户需求，研发与生产出满足市场需求的标准产品，为标准化的成功实现奠定坚实的基础。

（2）中小企业在利用创新技术、完成产品重大创新方面具有优势。依据产品层次理论，产品通常分为核心、有形与附加产品等，如图 3.2 所示，其中核心产品主要是消费者通过消费产品获得的效用，是产品的根本；有形产品则表现为产品的包装、外形、品牌等可提高产品价值的部分；附加产品则是可进一步提高消费者体验的安装与售后服务等[170]。根据层次的不同，新产品需要的研发技术也有所不同。一般而言，核心产品的创新是从根本上对产品进行改进，对技术变革的要求最高；有形产品次之；附加产品是从产品相关活动上的创新，对技术变革要求最低。中小企业因为灵活机动，可随时学习采用市场上最新的技术。因此，其在标准产品进行重大创新方面具有一定的优势。

3.1.2　市场方面

标准化能否成功实现的一个重要条件是企业是否能够实现大规模的市场扩

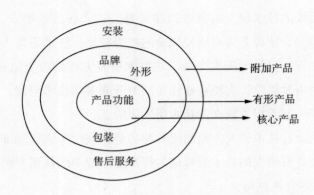

图 3.2　产品层次图

散，并形成一定规模的标准用户基础规模。中小企业在数量上的优势，使其成为影响标准市场扩散的重要因素。

3.1.2.1　标准相关产品/服务

在标准网络外部性的基础上，种类丰富与数量众多的标准产品/服务能有效推动标准实现大规模市场扩散。要完成这一目标，一个重要的条件就是构建完善的标准产业链。一般而言，标准技术体系的构建只是完成了标准化的第一步，更为重要的步骤是围绕所构建的标准技术体系开发出一系列的标准产品并提供相应的服务。如图 3.3 所示，一个完善的标准产业链不仅包括标准产品，还包括相应的上下游产业及相关配套产业。

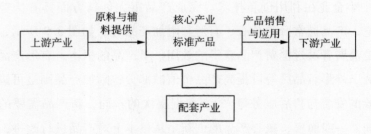

图 3.3　标准产业链结构示意图

（1）核心产业。核心产业主要是围绕标准产品开展相应的研发、生产活动。标准产品就是应用标准的相关产品，是标准产业链的核心。标准产品的存在决定了标准应用的主要领域，为企业进行标准产品的研发指明了方向。因为标准产品与标准核心技术密切相关，而标准核心技术通常掌握在大型企业手中。因此，这部分产品的核心主要由大型企业控制。

（2）上游产业。上游产业主要完成标准产品所需相关原料与辅料的提供。如手机生产需要屏幕、主板、摄像头等零部件，单一的企业一方面难以拥有完成全部组件的研发、生产所需的资源，另一方面，零部件的外包生产也节约了企业的生产成本。因此，上游产业开展的相关活动是标准产品实现的重要基础。

（3）下游产业。下游产业主要是提供标准产品实现应用所需的产品或服务，是标准价值实现的重要条件。以手机相关标准为例，搭载了相关标准的手机价值的实现，离不开通信产业的支持，与通信产业的结合，在实现手机基本联系功能的同时，增加了一系列其他功能，如购物、出行等，大大提升了手机相关标准的价值。因此，下游产业也是标准产业链中重要的组成部分。

（4）配套产业。配套产业主要是为标准核心产业链提供所需各项产品的产业，如与手机相关的耳机、手机膜、手机保护套等相关产品的提供，尽管对手机产品没有什么直接的影响，但这一部分产品的提供，进一步丰富了手机产品，在一定程度上提高了手机的附加价值。因此，配套产业在标准产业结构中的作用也不容忽视。

完整标准产业链的构建需要大量的，能完成各项标准化需要的企业，中小企业因其规模小、数量众多，主营业务多样化，成为构成标准产业链的重要因素。不同中小企业的协同合作，共同完成了种类丰富标准产品的研发与生产，为标准化的成功实现做好了充分的准备。

3.1.2.2　标准市场

标准产品作为一项新产品，要进入市场并被市场接受，并不是一个简单的过程。要实现这一目标，就要采取不同的策略完成市场的开拓。中小企业因其灵活性、与市场联系紧密，在标准产品市场推广过程中有着独特的优势。

大型企业因为市场规模大，渠道多，其产品从企业到市场所经历的渠道较长，通常产品由企业到市场消费者之间可能存在总代理、一级代理商、二级代理商，经销商等，如图 3.4 所示。销售渠道的冗长使得企业对消费者的反馈在时间上存在一定的滞后，即当消费者的需求发生变化时，企业要经过一段时间才能获得消息。又因为大型企业组织决策的复杂，当企业依据消费者的变化做出回应时，已经花费了过多的时间，这极大地影响了消费者对企业产品的满意度。与此相反的是，中小企业因为渠道较单一，其产品由企业到达消费者所经过的渠道较短，甚至有时直接简化为从企业到消费者。直接的联系，使得中小企业能够及时获得消费者的反馈。同时又因为组织决策的灵活，中小企业能够在短时间内根据消费者的反馈做出回应，从而使得消费者继续购买该企业产品。凭借这一优势，中小企业在进行标准产品市场扩散时，可依据其掌握的市场信息，有针对性地选择市场推广策略，从而提高消费者对标准产品的接受度。

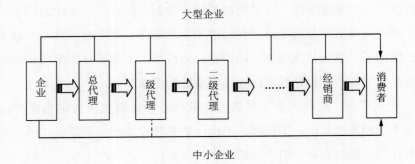

图 3.4　不同类型的企业渠道示意图

除此之外，尽管单一中小企业的规模较小，但中小企业所拥有的用户基础规模依然不容小觑。一方面，随着市场细分程度的提高，大型企业难以抢占全部市场，中小企业可在被大型企业忽略的市场上发展，进而成为该细分市场的领导者。另一方面，在一些大型企业也涉足的市场，中小企业也可凭借其数量上的优势，瓜分掉一部分市场份额。因此，凭借其掌握的市场资源与拥有的用户基础规模，中小企业在标准产品市场推广方面也发挥着重要的推动作用。

3.2　中小企业标准化特征

作为推动标准化实现的重要组织，中小企业因其自身特质，在标准化过程中所呈现出的特点有以下几个方面。

3.2.1　活动形式多样

中小企业由于数量的众多以及运营方式的多样，渗透到了标准化活动的各个方面。在标准技术研发阶段，相关企业主要进行标准技术研发，从而为标准技术体系的构建奠定基础。

郭虹（2013）指出企业规模与 R&D 投入间存在着倒 U 型的关系，即企业的 R&D 投入随着企业规模的扩大而增加，当达到一定临界值时，又随着规模的扩大而减少。美国国家基金会的相关数据显示，近年来，科技型小企业在 R&D 方面的投入不断增加，而一些大型甚至巨型的企业在 R&D 方面的投入反而呈现下降的趋势[171]。因此，R&D 资源较为丰富且 R&D 能力较强的中小企业，与其他 R&D 能力强的大型企业共同完成了标准技术体系的构建。

在标准技术专利化阶段，为实现标准的市场与经济价值，在该阶段主要是将研发的标准技术转化为专利。与大型企业相比，中小企业的知识产权情况与大型企业存在显著的差距。以专利为例，大型企业的专利申请比例为 52.7%，中型企业的专利申请比例为 22.6%，而小企业的申请比例仅为 8.8%[172]。尽管数值较低，但考虑到中小企业数量的众多及企业的主营业务，中小企业在专利申请方面的影响也不容忽视。

在标准产品研发、生产阶段，阶段任务主要是完成标准相关产品的研发、生产。产品的研发生产离不开产品创新与工艺创新，其中产品创新是指新产品的开发生产活动[173]，而工艺创新则是指生产技术变革基础上的技术创新[174]。产品创新与工艺创新的开展，对加速标准产品的研发、生产具有显著影响。中小企业因为在产品创新与工艺创新方面的灵活性，成为标准产品研发、生产活动的主要参与者。

在最后的标准产品推广阶段，被市场接受的新产品不仅在性能方面有所改进，更为重要的是要满足消费者的需求。不能满足消费者需求的产品，即使再先进，也最终会被市场淘汰。因此，作为标准化实现的重要载体，标准产品要符合市场的用户预期及用户需求。中小企业在掌握市场用户需求的及时性与精确性方面具有一定的优势，同时其到达市场的渠道也较短。因此，在拥有市场需求信息的基础上，中小企业有针对性地选择标准产品，并将标准产品快速推向市场，从而完成标准的市场扩散。

综上分析，可知在标准化实现的各个阶段，中小企业通过完成每一阶段标准化的阶段目标，最终推动标准化的成功实现。

3.2.2 覆盖范围广

标准化的实现，通常涉及技术、销售、市场等诸多因素。在每一因素的作用过程中，都离不开中小企业。首先，在技术方面，中小企业不仅研发了标准技术体系所需的技术，同时也在标准产品研发方面做出了贡献。标准的专利池特征一方面使得单一企业难以提供一项标准所需的全部技术，另一方面价值高与地位关键的核心技术又成为大型企业关注的焦点。在此情况下，具备一定研发能力的中小企业所提供的互补/配套技术就成为标准技术体系的重要组成部分。此外，中小企业在产品研发方面的灵活性，也使其能快速适应新标准技术的要求，在短时间内研发出符合标准需要的标准产品。

其次，在标准产品销售方面，中小企业依靠与目标消费者的直接联系，能缩短标准产品的销售渠道，加快标准的市场扩散。中小企业因为规模较小或产品较单一等原因，企业在销售产品时，往往不需要经过多层渠道，而是直接与消费者联系，这一方式在很大程度上降低了标准产品的市场达到时间。此外，中小企业在其生产运用过程中所建立的用户忠诚度，也成为中小企业销售标准产品的重要基础。

最后，在标准产品市场方面，分布于各个细分市场上的中小企业能推动标准快速实现市场扩散。能够生存并得到进一步发展的中小企业往往能够寻找到适合企业自身发展而被大型企业忽略的细分市场。这些细分市场作为大企业目标市场的补充，能最大限度地扩大新标准的市场影响力，提高市场消费者对新标准的接受程度。

因此，尽管中小企业在所掌握资源方面存在一定的劣势，但其凭借数量的众多及运营的专业化优势，在标准化实现的各项活动中发挥着重要作用。

3.2.3 可替代性高

从中小企业在标准化建设中所发挥的作用可知，相对于大型企业而言，中小企业在标准化中存在着被取代的可能性。一方面，就技术层面而言，中小企业掌握着的往往是标准技术体系中的互补/配套技术，即在标准核心技术基础上延伸出来的技术，目的在于提升标准技术的可应用性及附加价值。换而言之，互补/配套技术不是标准技术价值的必要体现。掌握核心技术的企业在选择互补/配套技术时，可选择的范围与对象就不是固定不变。因此，所掌握技术不具有不可替代性的中小企业就较为容易被取代。

另一方面，在市场方面，中小企业所占的市场份额相对于大型企业来说，依然较小。在标准产品市场推广中，大型企业可凭借其庞大的市场用户基础，完成标准的市场扩散。此外，在细分市场上存在着不止一家的中小企业，对应的标准在该细分市场上所选择的机会也就相应增多。因此，中小企业在标准产品市场扩散方面的影响不足以成为影响标准化成败的关键。

综上，因为中小企业所掌握技术与市场资源不是标准化实现所不可或缺的，使得中小企业很难处于标准化实现的关键位置，这最终导致了标准化中的中小企业流动性与被取代性都较高。

3.3　中小企业标准化动力机制模型

3.3.1　标准化动力因素

中小企业实施标准化战略的动力因素有多种，按照来源可分为企业内部动力与企业外部动力，其中内部动力主要包括领导者决策、利益驱动与创新需要等方面，而外部动力则包括市场需求、竞争压力与政府扶持等方面。

3.3.1.1　内部动力

内部动力主要是指推动中小企业主动制定与实施标准化战略的动力，具有一定的主动性。结合中小企业特征，可知相应的标准化内部驱动力有：

（1）领导者决策。企业组织结构依据不同的分类标准，可分为直线型、职能型与直线职能型三大类[175]。大型企业因为业务种类多，职能部门专业等原因，对应的组织结构如图 3.5 所示。由图 3.5 可知，大型企业的结构较为复杂，企业领导者在进行决策时，要同时与企业的副总、总工程师等进行讨论。做出的决策也不能够马上推行，如果该项决策对企业的影响重大，则该决策还要经过重大事项决策委员会的讨论，再决策是否实施该决策。又因为组织职能部门的人员较多，决策包含的信息在推行过程中还存在一个信息全面性与时滞性的问题。大型企业组织决策模式在一定程度上降低了决策失误的概率，因为重大决策地做出集合了企业内多部门的综合意见，综合企业各方面的信息基础上的决策，能有效切合企业发展的实际。但同时，该决策方式所需的时间较多，经历的决策程序也相对繁琐，在很大程度上容易降低企业对外部变化反馈的灵敏程度。

与此相对应的，中小企业的组织结构较简单，如图 3.6 所示。由图 3.6 可知，中小企业的组织结构较单一，企业领导者作为企业资金的主要提供者，在企

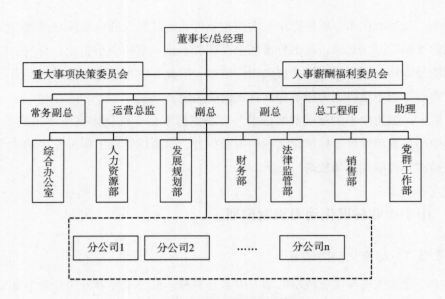

图 3.5　大型企业组织结构图

业决策过程中往往拥有绝对的权利。这一决策模式，一方面可以促使中小企业对
外部变化做出快速的反映，同时组织结构的简单有助于决策信息快速在企业内部
扩散；另一方面，决策的结果高度依赖于企业领导者的素质，决策失误的概率
较高。

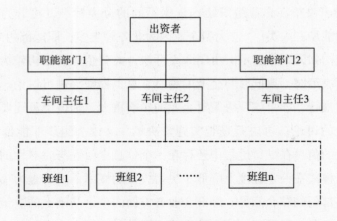

图 3.6　中小企业组织结构图

　　对比大型企业与中小企业组织结构，可知领导者对中小企业发展的影响更明
显。姜波（2011）通过实证研究发现，中小企业领导者的行为与企业的创新绩效

有正向作用[176]。因此，受教育背景、职业经验、标准化认知等影响，当中小企业领导者认为标准化有利于企业发展时，就会制定与实施企业标准化战略。

（2）利益驱动。不同于事业单位或行政组织，不管是大型企业还是中小企业，绝大多数的企业生存的关键在于获取利润。只有获取到一定的利润，企业的运行与经营活动才能顺利开展。因此，企业开展任何一项活动，包括制定并实施标准化战略，其目的都在于获取经济收益。

标准给企业带来丰厚的经济收益主要表现在：①标准产品。作为标准扩散的重要载体，标准产品的研发、生产必不可少。中小企业依靠其产品与工艺方面创新的优势，成为标准产品的重要提供者。在标准市场扩散的过程中，中小企业可通过销售标准产品进而获取经济收益；②标准兼容产品。在标准市场扩散过程中，除标准产品外，相关兼容产品的研发、生产，一方面通过提高标准的兼容性，进而提高标准的价值；另一方面则通过提升标准相关产品的富裕度，来扩大标准的用户基础规模。因此，伴随着标准产品的市场扩散，出现了数量与类型更为丰富的标准兼容产品。作为实现标准价值的辅助产品，中小企业凭借生产的灵活性与数量上的优势，成为标准兼容产品的主要研发、生产者。随着标准的市场扩散，标准兼容产品同样可以给中小企业带来经济收益；③配套技术许可费用。在标准技术体系中，除标准化实现所不可缺少的核心技术外，占技术系统中绝大多数的配套技术更是推动标准化实现的重要基础。在大企业掌握核心技术的情况下，具有一定 R&D 能力的中小企业完成配套技术的研发。为了提升标准的适用性与应用范围，同时降低技术研发成本，缩短标准化实现时间，核心技术拥有者往往通过支付一定费用的方式来获取配套技术的使用权。此外，提供标准化过程中所需要的一些服务，也会给中小企业带来经济收益。

（3）创新需要。随着技术的日益发展与竞争的日趋激烈，创新已经成为中小企业生存与发展的重要影响因素，不能适应新环境的企业最终都将会被市场淘汰。在企业的发展中，创新不仅是技术层面的创新，还包括管理与文化等方面的创新。首先，技术方面的创新，在技术性能方面的提升，有助于提高中小企业的生产效率，同时也有利于降低生产成本；其次，管理方面的创新，优化了中小企业的组织方式，整合了企业内部的资源，提高了企业的整体效率；最后，文化方面的创新，在引导企业人员创新行为的同时，激发企业员工的创新积极性。中小企业标准化战略的制定与实施，并不仅仅是企业内相关研发资源的投入。标准化的施行，通过整合与配置内部资源，影响着企业技术、管理与文化等方面的创新。

3.3.1.2 外部动力

（1）市场需求。市场对标准的需求主要表现在技术与规制两方面。从技术的角度出发，一方面，伴随着经济的发展，消费生活水平的提升，市场对技术的要求也在不断提升。在市场需求变化的情况下，现有标准技术已不再满足市场的需求，提供技术更为先进的标准就成为了必需。另一方面，技术不是处于停滞的状态，而是不断向前发展的状态，技术性能同时也在不断提升。因此，提供给市场的技术也在不断进步。作为技术系统体现的标准，应随着市场技术的进步而进行改进。因此，制定新的标准，适应市场技术与消费需求就成为了企业发展的必备条件。

从规制的角度出发，当市场不存在统一标准时，不同企业根据自身资源与能力提供互不兼容的产品或服务时，就会导致消费者的消费成本极大上升，同时获得的消费效用就将下降。标准对一类生产或服务的技术规范作用，保证了市场对产品与服务质量的统一需求。通过不同产品或服务间的兼容，在降低用户消费成本的同时，极大地提高了用户的消费效用。

因此，不管是市场技术的进步还是用户的要求，随着市场的变化，市场对标准也提出了新的要求。作为市场的主要活动者，参与或制定符合市场需求的标准，就成为影响中小企业生存和发展的重要因素。

（2）竞争压力。竞争是市场运行的重要特征之一，竞争的存在，推动着市场结构优化的同时，也提升了市场的运行效率。对企业而言，想要获取企业生存与发展所需的资源，就必须与市场中其他的企业进行竞争。市场的激烈竞争加剧了企业的紧迫感，企业在这一激烈的竞争环境中，要么增强自身实力，提升企业的市场竞争力，要么被市场淘汰。标准在提升企业市场竞争力与市场垄断地位方面的作用，推动中小企业制定标准化战略；而标准化战略在实施过程中给企业带来的经济收益又促使企业持续开展标准化活动。因此，竞争对中小企业标准化的推动作用主要表现在：首先，竞争迫使中小企业了解市场目前存在的标准现状，并收集相关标准信息，为企业制定标准化战略提供前提条件；其次，中小企业依据所收集的市场标准信息，并结合自身特性，做出是研发标准/配套技术或研发、生产标准/标准配套产品的决策；最后，企业在制定的标准化战略指导下，组织企业资源，实施标准化战略，参与市场标准竞争。

综上，在市场竞争的压力下，中小企业通过参与标准化，完成标准相关构成技术的研发或相关标准产品的研发和生产，不仅顺应市场发展的需求，不被市场所淘汰，并且在能够生存的基础上发展，进一步获得标准带来的高额利润。

（3）政府扶持。政府作为一类掌握特殊制度资源的组织，在标准化建设中发挥着特殊的作用。一方面，由于市场失灵的存在，导致市场上的资源不能实现最优配置。为了提升市场资源的利用效率，政府的干预就必不可少；另一方面，标准具有明显的公共物品属性，政府的扶持能加速标准化的实现。

政府对标准化实现的影响主要表现在以下几个方面：第一，政府通过制定的政策影响标准制定的领域与速度。因为政策在一定程度上代表了国家与政府在一定时期内应该达到的目标及采取的相关措施，政府政策的制定为市场上企业发展的方向及可采取的措施指明了方向。通过了解政策，企业也可进一步掌握市场发展对标准需求的相关信息，进而制定与实施对应的标准化战略；其次，政府通过资金、人力等相关资源的支持，为标准化实现提供保障。众所周知，标准化实现需要大量的资金、人力等资源，企业所拥有的相关资源有限，政府对这些资源的投入，极大地提高了标准化成功的概率；最后，政府通过采购、购买等方式，加速标准化的实现。新标准在市场扩散时，往往面临着消费者对现有标准不信任的阻碍。政府对标准相关产品或服务的采购与购买，一方面提升了市场消费者对新标准的信任，另一方面影响了市场上标准的竞争，其结果都有利于标准市场的扩散与应用范围的扩大。

政府采取的相关措施，推动着中小企业标准化战略的制定与实施。首先，制定的政策表明了国家与政府在未来一段时间内发展的重点，这也意味着在一段时间内该领域有着巨大的发展潜力，这为相关中小企业制定标准化战略提供了方向。其次，政府相关人力、资金等资源的投入，在一定程度上弥补了中小企业在资源方面的不足，为中小企业实施标准化提供了充足的资源。最后，政府对相关标准产品/服务的购买与采购，在推动标准扩散的同时，也给中小企业带来了经济收益。

综上分析，在内部动力作用与外部动力的推动下，制定与实施标准化战略，影响着中小企业的生存与进一步发展。

3.3.2 标准化动力因素特征

推动中小企业制定和实施标准化战略的因素众多，但这些因素并不是独立发挥作用，而是相互影响、相互联系，共同推动中小企业标准化的实现。

3.3.2.1 相互联系

（1）内部动力构成要素。构成内部驱动力的领导者决策、收益驱动与创新需要等三个构成要素间相互联系，相互作用，如图 3.7 所示。由图 3.7 可知：①领导者决策与利益驱动间相互作用。一方面，对中小企业而言，领导者往往也是中小企业的出资者。在大多数情况下，出资者成立中小企业的目的是为了获取更多的经济收益，而标准凭借其用户锁定效应及网络外部性，能给企业带来高额的经济收益。因此，为了获得标准带来的超额收益，领导者会做出制定标准的决策。另一方面，相对于企业的其他活动，标准化活动带来的收益更为高额，对企业的发展也更为有利，这也极大地刺激了中小企业领导者的决策；②领导者决策与创新需要间的关系。领导者决策影响企业创新需要，当中小企业领导者制定与实施标准化战略时，标准化活动对研发、创新方面的需求，要求企业进行制度、工艺与文化方面的创新。反之，当中小企业相关创新得到提升时，又为领导者进行标准化决策提供了前提条件；③利益驱动与创新需要间的关系。中小企业技术、制度、文化方面的创新，在提升企业生产效率的同时，也降低了生产成本，有助于提升中小企业竞争力，而利益的驱动反过来推动企业进行创新。

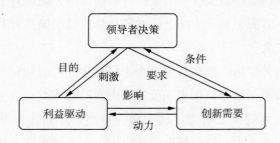

图 3.7 中小企业标准化内部动力构成要素关系图

（2）外部动力构成要素。构成外部动力的市场需求、竞争压力与政府扶持等要素间的关系，如图 3.8 所示。由图 3.8 可知：①市场需求与竞争压力。一般来说，当市场需求较大时，说明这一市场的潜力较大，同时也意味着进入该市场的企业增加，市场竞争压力增大。同时，竞争也能反作用于市场需求。激烈的竞争表示消费者的需求能够得到充分的满足。当市场上供大于求时，为了寻找新的机会，企业就会挖掘新的市场需求；②市场需求与政府扶持。市场需求的大小会受到政府扶持的影响，当市场对某一标准产品的需求较低时，政府就会采取一定的措施鼓励市场购买该标准产品，或者当市场对标准产品的需求强烈，但企业不能提供充分产品满足需求时，政府就会鼓励相关企业扩大生产，提高产量。在政府干预市场需求的同时，市场需求也影响政府采取的相关措施；③竞争压力与政府扶持。市场自我调节存在一定的缺陷，容易导致不正当竞争的出现。政府的干预在一定程度上减少了不正当竞争的出现，确保了市场的公平公正。政府通过采购、购买等行为，缓解了标准产品的市场竞争压力。

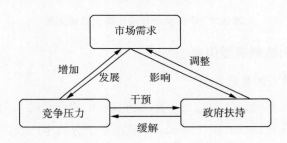

图 3.8　中小企业标准化外部动力构成要素关系图

（3）内、外部动力构成要素。中小企业标准化内、外部动力构成要素间也存在着相互的联系。首先，中小企业领导者制定的企业标准化战略，综合考虑了市场需求、竞争压力与政府扶持等因素。领导者担负着企业引领企业发展的重任，如何选择企业的发展方向，理智的领导者会综合考察市场、政府等各项因素，进而做出正确的决策。其次，中小企业获取利润的多少也会受到市场需求、竞争压力与政府扶持的影响。当市场需求高、竞争压力较小且处于政府扶持产业时，企业能够获取的利润就高。反之，则获取的收益较低。最后，中小企业的创新，不仅有助于提升企业满足市场需求的能力，而且也能通过提升企业效率来提升企业的市场竞争力。

3.3.2.2　共同作用

中小企业标准化动力构成要素并不是独立存在，而是彼此间相互联系、相互影响。因此，标准化内外部动力因素共同推动中小企业标准化战略的制定与实施。如图 3.9 所示，当标准市场需求的变化，在影响市场竞争压力与政府扶持的同时，也作用于中小企业内领导者的决策，经济利益驱动与企业内的创新需要。这些因素交织在一起，共同影响中小企业内相关标准化活动。

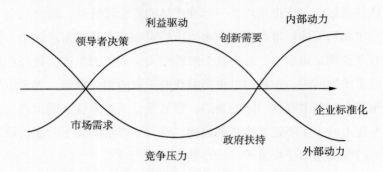

图 3.9　中小企业标准化动力因素关系

3.3.3　动力机制模型构建

3.3.3.1　动力因素反馈机制

系统动力学是系统科学理论与计算机仿真理论相结合的一门科学，是美国麻省理工学院的福瑞斯特（J. W. Forrester）教授用于分析生产及库存管理方面问题而提出的一种系统分析方法。该方法运用"凡系统必有结构，系统结构决定系统功能"的思想，从系统内部寻找问题发生的根源。

按照系统动力学的观点，将中小企业标准化的动力看作一个系统，该系统由内部动力子系统与外部动力子系统构成（图 3.10）。内、外部子系统中包含了相应的动力因素，这些因素相互联系，相互作用，形成了一张"蜘蛛网"，这一"蜘蛛网"就是标准化动力系统的反馈机制[177]。

对系统结构的进一步分析是绘制因果回路图，一般情况下，因果回路图包含多个由因果链连接的因果关系，其中因果链上的关系用正负号表示[177]。按照标准化动力系统中各因素间存在的反馈关系，运用 Vensim 软件绘制的因果回路图如图 3.11 所示。

由图 3.11 可知，在中小企业标准化动力系统中，存在的主要反馈关系有：

①市场需求→（＋）竞争压力→（＋）领导者决策。市场对标准的需求提升时，围绕标准开展的竞争加剧。为了不被市场淘汰，中小企业领导者做出关于企业标准化发展的决策。

②市场需求→（－）政府扶持→（＋）领导者决策。当市场需求增加时，意

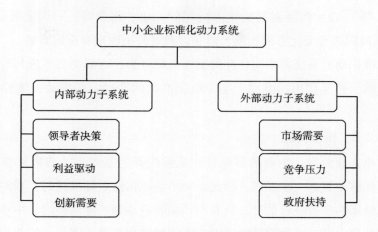

图 3.10　中小企业标准化动力系统结构

味着该市场有进一步发展的空间，此时政府对该市场的扶持力度降低；而当政府加大对某一市场的扶持时，表示在该市场中的企业能够获得相应的资源投入或优惠政策，这些举措有利于吸引企业进入该市场。

③市场需求→（＋）利益驱动→（＋）创新需求→（＋）领导者决策。标准市场需求扩大时，意味着该市场给企业带来的经济收益增加。为了获得更多的经济收益，企业内部就技术、制度与文化方面开展创新，以提升企业的市场竞争力，进而鼓励中小企业领导者参与市场标准化活动。

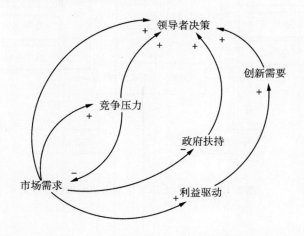

图 3.11　标准化动力系统因果回路图

注："+"表示两因素的变化方向相同，或一因素对另一因素有正向影响；"–"表示两因素的变化方向相反，或一因素对另一因素有反向影响。

从标准化动力系统因素间存在的反馈机制可知，内部动力系统与外部动力系统相互影响、相互作用，推动中小企业标准化的实现，并推动市场标准的不断发展。

3.3.3.2 模型构建

对中小企业而言，企业的目标是在能够生存的基础上，获取更多的经济收益，从而能够得到进一步发展。因此，中小企业在推进标准化时，要对标准未来可给企业带来的收益进行估计，只有当预期收益达到一定规模时，中小企业才会在承担标准化中存在高风险的前提下，实施标准化战略。因此，综合中小企业目标与标准化动力，构建的中小企业标准化动力机制模型如图 3.12 所示。中小企业首先在领导者决策、创新需要、利益驱动等内部动力与市场需求、竞争压力、政府扶持等外部动力的共同作用下，制定了企业推进标准化的战略；其次对企业制定标准可能获得的标准收益进行预测，当预测的需求达到企业预期目标时，中小企业就会采取措施推动标准化发展；当预测的需求低于企业预期目标时，企业就会放弃推进标准化战略。

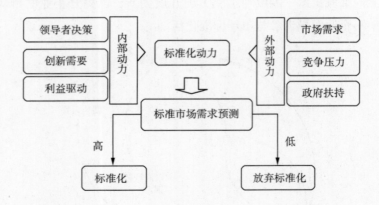

图 3.12　中小企业标准化动力机制模型

3.4　本章小结

　　本章从企业内部与外部探究了中小企业制定与实施标准化战略的动力。首先从技术与市场两个层面分析了中小企业在标准化建设中的作用，认为中小企业对标准技术体系构建，标准相关产品研发、生产与标准市场扩散方面都发挥着重要的作用；接着结合中小企业在标准化建设中的作用，分析其标准化特征，认为中小企业在标准化中具有覆盖范围广、活动种类多与可替代性高等特征；最后，结合中小企业与标准化特征，认为中小企业参与标准化的内部动力有领导者决策、创新需要与利益驱动等，外部动力有市场需求、竞争压力与政府扶持等，在内、外部动力的共同作用下，中小企业加入了标准化建设中。

第4章 ｜ 中小企业标准化合作模式

标准化是一个庞大、复杂且涉及大量资源的过程，单一企业尤其是中小企业很难独自完成标准化过程各个环节的任务。因此，与其他组织开展合作，就成为实现中小企业标准化目标的重要途径。与此同时，中小企业与不同组织间以不同方式开展的协同合作最终推动标准化成功实现。

4.1 中小企业标准化合作原理

4.1.1 知识转移

Teece 是最早提出知识转移观念的学者，他认为企业在技术进行国际转移的过程中，能积累起大量跨国界的技术应用知识[178]。Szulanski 提出知识转移是知识在不同个体或不同组织间的转移或传播，从而实现有目的与有计划的知识共享[179]。通过知识转移，企业能够获得对企业发展有益的知识，进而提高企业的竞争力[180]。只有那些能够持续创造新知识，传递新知识，迅速完成新技术与新产品开发的企业才能成功[181]。

在标准化中，由于标准技术体系的复杂性与实现标准市场应用时间的紧迫性，使得不同企业间知识的转移成为加速标准化实现的重要条件，其中按知识转移的方向可分为技术许可与技术合作研发两类，如图 4.1 所示。

技术许可是标准技术持有人按一定的条件将相关技术的所有权、使用权等权利授权给中小企业使用。因为标准的实质是规定产品、工艺或服务的一系列技术规范，中小企业研发、生产的标准相关产品必须符合这一系列的标准技术要求。又因为标准构成技术专利的排他性、区域性等特征，使得中小企业无法无条件使用标准专利技术。此时，以一定的条件获得标准技术的使用权利，就成为中小企业的最优选择。而标准技术持有者为了扩大标准使用范围，从而加快标准价值实

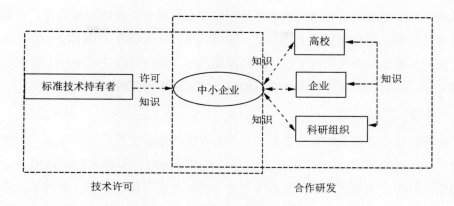

图 4.1　标准化中知识转移方式

现，在拥有专利所有权的前提下将技术单向转移到中小企业。标准技术合作研发则是中小企业与其他企业、高校、科研院所等不同组织针对标准化中的某一技术问题开展合作。在标准技术的合作研发中，参与的各方投入了各自的优势资源，并在共同解决技术问题的过程中完成了技术的双向流动。

通过标准知识转移，中小企业不仅获取了标准相关技术知识，提升了企业竞争力，同时也为推动标准化实现做出了贡献。

4.1.2　资源共享

资源是企业生存与发展的基础，通过资源的利用，企业的各项战略目标才能实现。标准化的实现，更是需要大量的资源。按资源类型主要分为：（1）技术资源。技术资源主要包括解决实际问题相关的软件知识与解决实际问题所需的设备、工具等硬件设备两大类[182]。技术资源的具备，解决了标准化过程中所面临的标准技术研发，标准产品研发等技术方面的问题，是标准化实现的基础。（2）市场资源。市场资源主要指存在于市场中的，可被企业开发利用，并建立企业竞争优势的资源，主要包括产品资源、品牌资源、市场需求资源、市场渠道资源与信息资源等[183]。通过市场资源的利用，不仅有助于降低标准在市场应用中的风险，同时也有利于进一步扩大标准的市场应用范围。因此，市场资源是标准化实现的关键。

资源的不可流动性与有限性，使得中小企业所掌握的资源满足不了标准实现的资源需求。为了实现企业资源的优势，同时推动标准化实现，企业间的资源共享就成为有效的途径。资源共享主要是利用资源间具有互补性与相似性，资源间的互补性弥补了各自在资源上的不足。通过共享，获得资源"1+1>2"的整体效应；而资源相似性则是同类型企业间的资源共享，不仅可以完成单一企业无法完成的目标，同时也可发挥资源的乘数效应，实现标准的规模经济效应。

4.1.3　风险分担

标准化中，企业面临着来自技术与市场方面的双重风险。技术方面，主要表现为：（1）技术研发失败。虽然遵循一定的科学原理，但技术研发依然是一个不确定的过程。当出现技术研发难度过大，或企业现有设备不足、资料不充分等情况时，就会导致企业难以完成技术研发；（2）技术研发方向错误。在标准制定前，为了推动企业自身技术成为标准，同一领域市场上的众多企业都在进行技术研发。但由于企业技术性能较为落后，企业实力较弱或偏离政府扶持方向等原因，导致企业研发的技术与市场标准不兼容；（3）技术应用失败。技术应用失败主要是指企业所研发的技术在向市场转化的过程中，因为与企业现有能力不匹配，而不能成功实现市场应用。

市场风险主要指标准在市场扩散中遇到的风险，通常有：（1）标准推广失败。标准市场推广除对标准技术有所要求外，还需要企业具备强大的市场实力与有效的市场推广策略，其中任何一项的失误都会导致标准不能成功完成市场应用；（2）标准目标市场不接受。在企业推广标准产品的过程中，由于消费者需求信息的不全面，推广方式的失误，标准产品效用的低下等原因，导致标准目标市场消费者对新标准的认可程度低；（3）与现有市场标准竞争失败。标准市场竞争是一个充满不确定的过程，由于技术、市场与政府等各项因素的影响，导致最终结果的不确定，可能是新标准取代市场现有标准，也可能是现有标准依然是市场的主导标准。

中小企业与不同企业间的合作，降低了标准化中单一企业所承担的风险。一则，掌握不同优势资源的企业，通过标准化模块分工，共同完成标准化实现所经历阶段的任务，提高了标准化成功的概率；二则，不同企业优势资源的整合，提升了企业整体竞争力的同时，也为解决标准化中存在的技术与市场难题提供了基础，降低了标准化中所面临的风险。

4.2　中小企业标准化合作模式类型

在推动标准化实现的过程中，中小企业按照合作的形式、特点的不同，可以划分为不同的模式，且每一模式对参与合作各方所起的作用也有所不同。标准化实现的基础是构建完善的标准产业链，从标准产业链结构出发，中小企业与其他组织的合作依据方向的不同可划分为横向合作、纵向合作与混合合作，其中同一标准化模块中的企业间开展的合作称为横向合作，不同标准化模块间企业的合作称为纵向合作，同时具备两种合作特点的则称为混合合作。

4.2.1　横向合作

4.2.1.1　标准技术研发

在企业的技术研发过程中不可避免地会存在技术溢出现象，即在贸易或其他经济活动中，先进技术拥有者会有意识或无意识地转让或传播他们的技术[184]。其主要原因在于技术知识的部分公共产品属性，知识创造者很难阻止他人以非常低的成本获取知识。知识溢出效应的存在，极大地降低了企业进行技术研发的积极性。从长期来看，不利于整个市场技术的进步。合作研发的存在，内部化了研发中产生的知识溢出，成为纠正溢出引发的市场失灵问题的有效途径。同时，合作研发方式的选择也有助于提高技术研发成功的概率[185]。

处于同一标准化模块中的企业，由于在标准产业链中的同一位置上，往往存在一定的竞争，竞争企业往往拥有其他企业所不具备的资源或能力。依靠着独特的资源或能力，企业得以不断生存与发展。

假设在研发合作开展前，同一标准化模块中存在中小企业 A 与企业 B，企业 A 与企业 B 都为完善标准技术体系而进行技术研发。一方面，因为研发技术存在一定的兼容性或相似性，两企业间存在一定的技术溢出。另一方面，研发技术的难度较高，研发企业需要花费较长的时间与较高的成本，同时也面临着技术研发失败的风险。在上述种种因素的影响下，企业 A 与企业 B 选择合作研发。

在技术合作研发过程中，企业 A 与企业 B 优势资源的交流，在缩短标准技术研发时间的同时，降低了研发中存在的风险，提高了标准技术研发的成功概率。对合作的双方企业来说，通过合作中的技术知识溢出效应，在一定程度上获取了对方所独有的资源与能力，长期来看，对提升企业的市场竞争力有着积极作用。

因此，在标准技术研发方面，处于同一标准化模块中的竞争企业，在技术溢出效应的作用下，存在合作研发的可能性。

4.2.1.2 标准产品生产

处于同一标准化模块中的企业，因为企业资源与目标市场的相似，存在一定的竞争性。但企业间没有永远的敌人，只有永远的利益。当合作带来的收益高于竞争带来的收益，企业间就会选择合作。假设在合作之前，同一标准化模块中存在都生产产品 A 与 B 的企业 1 与企业 2，其中企业 1 的核心产品为 A，企业 2 的核心产品为 B。对于企业 1 来说，在企业资源有限的条件下，增加 B 产品的产量，就会导致 A 产品的边际成本递增，如图 4.2 所示。

如果产品 A 的价格为 a 元，产品 B 的价格为 b 元，当 A 产品的产量为 X，产品 B 的产量为 Y，则企业获得总收益为 $aX+bY$，则企业 1 的最优产量如图 4.3 所示。当 A 产品的产量增加时，B 产品的产量就相应减少。当成本与收益曲线相切时（P_A），企业 1 实现最优生产，达到最大收益。

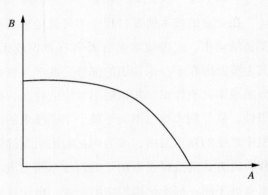

图 4.2　合作前企业 1A 产品的边际生产成本

企业 2 与企业 1 的产品边际成本曲线与生产曲线相类似，只是企业 2 的核心产品为 B。由上述分析可知，虽然企业 1 与企业 2 在产品类型上相同，但依然各自拥有核心竞争力。合作企业间核心竞争力的存在是企业间合作开展的重要前提。

假设企业 1 与企业 2 进行合作后，企业的生产成本都得到了降低，同时生产效率进一步提升，两企业的生产曲线的可能切线 L，其中切线的斜率 K 为企业 1 收益与成本的差值比率与企业 2 的收益与成本差值比率。

$$K = \frac{(R_{合作A} - R_A)/(C_{合作A} - C_A)}{(R_{合作B} - R_B)/(C_{合作B} - C_B)}$$

合作后，企业 1 的生产曲线如图 4.4 所示。由图 4.4 可知，合作后，企业 1

的可扩大自己核心产品 A 的产量，同时降低相对缺乏竞争力的产品 B。在此情况下，企业的最优产量向右扩大为 P'_A。对应的企业 1 所获得的收益曲线向右上移动，表明企业 1 在合作后获得的收益提高。企业 2 的生产曲线相似，只是斜率为 $1/K$。

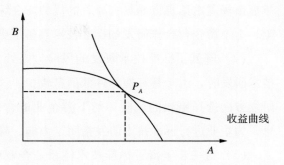

图 4.3　未合作前企业 1 的生产曲线

　　因此，在同一标准化模块中的企业合作的重要前提是，合作双方在资源上存在一定的互补且各自都有其核心竞争力，同时合作后获得的收益高于合作前单个企业的收益。

　　综合上述分析，在技术溢出效应、降低成本的作用下，处于同一标准化模块中的企业就标准技术研发与标准产品生产展开合作（图 4.5）。通过研发协作，不仅提高了

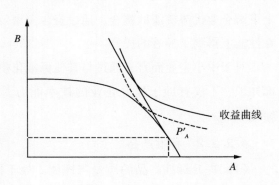

图 4.4　合作后企业 1 的生产曲线

标准技术研发的成功概率，同时也提升了标准产品的产量，这些都为标准化的成功实现提供了坚实的基础。

4.2.2　纵向合作

　　处于不同标准化模块中的企业因为资源与能力的不同，彼此间存在的竞争较小。Cassiman & Veugelers 研究发现，产业链上下游企业间的合作，并不仅仅是为了降低研发的成本与风险，更多的是为了获取外部的知识[186]。

4.2.2.1　标准技术

　　不同标准化模块中企业的合作，集合了异质企业的优势资源，对标准技术的研发具有以下作用：（1）提升了标准技术的市场应用性。从标准产业链来看，下游模块中的企业更接近标准应用市场。处于该模块中的企业在技术市场应用与

掌握市场需求信息方面具有显著的优势。在综合参考市场应用与需求信息的基础上，上下游企业合作研发的标准技术具备了更强的实用性。

（2）降低了标准技术研发的风险。当处于独立模块中的企业独自进行标准技术研发时，由于其掌握的外部信息较少，该企业在技术研发中容易面临着技术研发方向选择错误的风险。与下游企业的合作，进一步扩大了企业所掌握的信息，为企业进行标准技术研发指明了方向，降低了标准技术研发失败的风险。

（3）进一步丰富了标准技术体系。企业所掌握的资源与所具备的能力决定着所研发技术的性能。中小企业因为在资源与能力方面不具备明显的优势，因此，与大型企业相比，其所研发的技术在技术性能方面不具备明显的竞争优势。上下游企业优势资源的整合，通过资源集聚效应的作用，使得合作研发出的技术在性能上得到了显著的提升。

对于中小企业而言，通过与其他标准化模块中的企业合作，利用所获得的外部知识，不仅有助于提升企业的技术能力[187]，同时也有利于提升企业的创新绩效[188]。

4.2.2.2 标准产品

（1）提升标准产品的质量与性能。处于同一标准产业链不同模块中的企业间相互影响，上游企业研发的技术影响着下游企业生产产品的类型与质量。如果上下游企业间缺乏沟通，不仅不利于先进技术的有效应用，也影响着标准产品的研发。上下游企业的合作，在企业间有效沟通的基础上，上游企业可将研发技术信息全面地传递给下游企业，下游企业依据上游企业的技术信息，研发出满足技术要求的标准产品。

（2）推动标准产品的创新。上游企业的技术创新，推动着下游产品的创新。当上游企业完成标准技术研发后，为了实现标准技术的市场应用，有效的途径是将标准技术转化为标准产品。而新技术的出现，意味着技术性能方面的提升，对企业的生产效率与生产成本有正面的作用。即使考虑到研发新产品的成本，下游企业在短期内不适用新的标准技术。但随着同一模块中其他企业的加入与市场需求的变化，为了不被淘汰，应用新技术研发新的标准产品就成为不可避免的选择。

由上述分析可知，相比于横向合作研发，纵向合作研发对技术应用实现的作用更明显[189]。但不同标准化模块间企业的合作需要遵循一定的条件，Kim 指出，尽管技术的创新会带来生产成本的降低与利润的提升，但只有市场产生需求让合作双方都有利可图时，合作才会达成，或者说下游生产商给上游技术提供商提供一定的回报[190]。

4.2.3　混合合作

在混合合作的模式中，中小企业既与同一标准化模块间的组织建立合作，又与不同标准化模块间的组织也存在合作，构建了一个标准化的创新网络。综合企业横向合作模式与纵向合作模式特点，可知混合型合作模式的存在。混合合作对标准化的实现作用分析如下。

4.2.3.1　标准技术

不同标准化模块间创新网络的构建，一方面为标准技术的研发提供了全面的信息，其中既包括了来自下游企业的技术应用方面的信息，也包括了来自同一模块中其他企业的技术水平信息。技术应用信息说明了未来技术发展的方向，而技术水平信息则表明了企业现在所具备的技术研发能力。技术应用信息与技术水平信息的提供，为研发出满足市场需求，同时也符合企业能力的标准技术提供了条件。

另一方面，不同模块间的技术研发合作提升了标准技术的兼容性。在合作研发标准技术的过程中，不仅是合作各方提供了各自的优势资源，同时也提供了各组织的相关技术信息。综合相关合作组织优势资源与技术信息的标准技术，兼容程度得到了大幅度提高。

4.2.3.2　标准产品

（1）提升标准产品间的关联性。不同标准化模块间的协作，一方面是在提升标准技术兼容性的基础上，扩大该标准技术的应用范围。因为技术兼容性的提高，意味着能与该技术兼容的技术增多，对应的技术应用范围也随之进一步扩大。另一方面，同一标准技术在不同产业链中的扩散，表明同一技术在不同标准化产业链模块中都得到了应用。尽管转化的标准产品形式可能会有所不同，但同一核心技术使得不同产品间存在着相互联系的关系。

（2）实现标准产品生产的范围经济。范围经济是指随着产品生产种类的增多而引起单位生产成本的下降。当标准产品间的关联性提升时，意味着标准化模块中生产的标准化产品种类增加。相互关联产品种类的增加，表明生产企业并不需要针对每一类产品进行改进，而只需要在核心产品的基础上，对生产方式进行改进，即可完成一系列标准产品的生产，这大幅降低了生产标准化相关产品的成本。同时，标准化产品种类的丰富，在提升了企业标准产品的市场销量的同时，也极大地提高了企业的市场收益。

综上所述，不同标准化合作模式的选择，通过影响标准技术与标准产品，进而影响标准化的实现，如图 4.5 所示。由图 4.5 可知，不同标准化模块中相关企业、组织间的信息、知识与资源的流动，在加强标准产业链不同模块间交流协作的同时，从整体上提升了标准产业链的效率，并对标准化的顺利实现起到了推动作用。

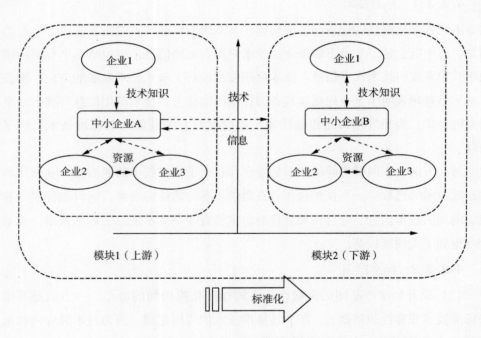

图 4.5　中小企业合作模式示意图

4.3　标准化合作组织形式

当合作具体内容的不同时，企业间所采取的合作形式也有所不同。依据标准化中中小企业所需解决的具体标准技术与标准产品方面的问题，将不同企业与组织间的合作形式分为项目合作、业务外包、战略联盟与非正式合作等形式。

4.3.1　项目合作

4.3.1.1　项目合作内涵与特征

美国项目管理协会（PMI）在其著作《项目管理知识体系指南》一书中对项目的定义为：创造独特产品、服务或成果而进行的临时性活动，其中包括开发一项新产品，计划一次大型活动等[191]。通常项目具有以下特点：

（1）项目开发是为了实现一定的目的；

（2）项目受到时间、预算与资源的限制；

（3）项目通常是一次性的；

（4）项目是相关要素的集成。

项目合作则是指两个或两个以上的独立经营体通过缔结合同协议，以完成共同的项目目标而开展的活动[192]。项目合作的开展，需要具备的基础条件主要有：（1）合作各方要拥有一致的目标，这是企业项目合作开展的重要基础；（2）合作要有统一的规范。项目合作中的各方要对合作的目标、步骤与要求达成统一，并在项目合作实际中得到遵守，这是项目合作顺利实施的前提；（3）合作各方地位平等。在项目合作中，任何一方都不可以依靠权利或命令，而必须依靠事先制定的规范来解决项目中的问题；（4）具备合作开展的物质基础。为了保证项目合作各方之间信息、知识与资源等的顺畅流动，必要的物质基础，如设备、交通工具等的具备是合作顺利进行的重要条件。

在标准化实现的复杂过程中，所需解决的问题众多。当不同企业面临相同的问题，且单一企业难以独立解决该问题，同时不同企业间的合作可以解决该问题时，企业间就以解决该问题而进行项目合作。一则，项目合作的方式目标性强，便于企业间整合资源，快速解决问题；二则，项目合作的方式操作灵活，便于合作者根据实际情况进行灵活调整。因此，项目合作是标准化企业合作的重要方式。

4.3.1.2　合作伙伴选择

合适项目合作伙伴的选择，影响着中小企业标准化目标的实现。为了选择最为匹配的合作伙伴，中小企业合作伙伴选择通常遵循以下原则，如图4.6所示。

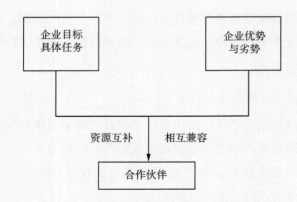

图 4.6　中小企业项目合作伙伴选择步骤

（1）确定企业目标及具体任务。企业目标是企业各项活动所要达到的效果，也是企业各项活动开展的依据。在确定企业目标后，将总体目标分解为一个个可操作具体任务，并明确完成每一具体任务所需的资源与能力。这一将抽象目标具体化的过程为企业推动目标实现提供了实践的依据。

（2）明确企业自身优势与劣势。在明确需要解决的具体问题所需的资源与能力后，企业就需对自身所掌握的资源与所具备的能力进行整理，以明确企业是否能够独立解决问题，完成任务。

（3）选择合适的合作伙伴。中小企业在明确具体问题及自身不足的基础上，选择合适的合作伙伴，通常需要满足两个条件。一是资源互补。资源互补主要指合作各方的资源能为对方所用，这是合作开展的重要基础。首先，资源互补是促进企业进行项目合作的动因。因为核心资源流动性较低的原因，为了满足实现目标的资源需求，拥有互补资源的企业间就进行合作。其次，资源互补降低了合作企业间的竞争。资源的不同，表现为企业核心竞争力也有所差别。当企业间核心竞争力不同时，意味着相关企业在同一领域内的直接竞争就较弱。最后，互补资源有助于发挥资源的最大效用。一般情况下，互补资源的合作并不是资源效用的简单相加，互补资源在合作过程中产生的整体优势，极大地提高了资源产生的整体效用。

二是合作企业间要相互兼容。这主要是指合作企业在目标、理念等方面的观点达成一致，这是合作能够顺利进行的条件。因为合作企业的兼容，能促使企业都朝一个方向努力，能够减弱合作企业间的冲突与矛盾；此外，目标、理念的一致，能使企业在面对合作整体目标与企业个体目标的利益冲突时，进行有效协调，进而保持合作的进行。

4.3.1.3　合作方式选择

从企业资源与能力的角度出发，合作伙伴与中小企业间的合作范式可进一步细分为高水平合作、低水平合作与交叉合作三类，如图 4.7 所示。

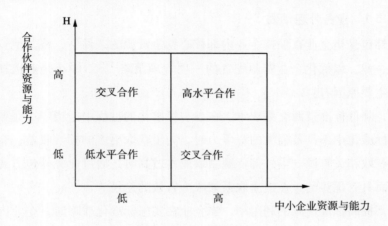

图 4.7　中小企业项目合作方式

（1）高水平合作。高水平合作就是资源与能力都高的企业间建立的合作。由于双方的资源与能力在某一领域都处于领先的地位，优势资源与能力的合作产生的合作成果，具有极强的领先优势。因此，高水平的合作常见于标准技术研发方面。一方面，标准技术研发对企业的资源与能力要求较高。因为技术创新常进行的是开创性的活动，这一过程中的投入高、风险也较大，只有合作双方都具备一定的资源与能力时，才会促进技术的进步。

（2）低水平合作。低水平合作指资源与能力都较弱的企业间建立的合作。由于双方的资源与能力都处于比较落后的地位，双方间进行的合作较多集中于标准产品生产方面。相对于技术研发，产品生产对企业创新方面的要求相对较低。而资源与能力都较弱的企业间的合作，是寄希望于资源与能力的互补与整合，进而提升整体资源的效用。

（3）交叉合作。交叉合作主要是指资源与能力不对等的企业间建立的合作。交叉合作是最常见的一种合作方式，广泛存在于标准技术研发与标准产品生产方面。其主要原因在于：一方面，资源与能力较弱的企业寻求与领先企业合作，其主要目的在于希望通过与领先企业的合作，在完成企业任务的同时，通过与领先企业资源与能力的交流，来提升企业自身的竞争力。另一方面，对于资源与能力较强的企业而言，与较弱企业间的合作能在合作中占据主导地位。同时也可借助较弱企业的资源与能力，进一步扩大企业的市场占有率。

4.3.2 业务外包

4.3.2.1 业务外包动因

业务外包是指企业在保持企业内部核心竞争资源的条件下，将其他资源外包给专业的企业，以优化企业资源配置的一项管理策略[193]。中小企业选择业务外包方式的主要原因有：

首先，降低标准资源交易成本。在参与标准化的过程中，当中小企业的资源与能力在标准化中不具备强大的竞争力时，为了获取更多的标准收益，企业就需要从外部获取相关资源。当外部资源获取成本过高时，通过业务外包方式与在这一资源方面具有优势的企业建立联系就成为有效的途径。

其次，提高标准资源的利用率。当企业在实施标准化战略时，企业内不占竞争优势的业务就会分散企业的精力，导致企业在标准化优势业务方面的资源投入减少，进而影响标准化相关优势资源最大效用的实现。将企业不具备资源优势的业务外包，便于企业集中精力对有限的优势资源开展标准化活动，在提高企业优势资源效率的同时，也提高了企业在标准化实现过程中的竞争力。

最后，有助于提升企业竞争力。业务的外包，去掉了企业的冗余组织，柔化了企业的组织结构，集中了企业标准化的优势资源，有助于企业专注标准化核心业务，从而最大限度地发挥标准化核心业务的市场竞争优势。

4.3.2.2 业务外包内容

在实施企业标准化战略时，因为资源与能力有限，为了最大限度地提升标准化给企业带来的收益，中小企业可能是业务外包方，也可能是承接外包业务方。

（1）外包标准技术研发业务。不管是标准技术研发或是标准产品生产，要获取标准带来的最大效用，中小企业都要对自身技术进行改进。这可能是标准技术方面的改进，也可能是标准产品研发方面的改进。但由于中小企业在研发资源或能力方面的不足，难以达成技术的要求。因此，为了顺利实施企业标准化战略，企业可将相关技术研发的业务外包给研发能力强的组织，如高校、科研院所等。

（2）外包标准产品生产业务。标准产品是标准化实施的关键，对中小企业而言，为了尽可能的提高标准产品的产量或丰富标准产品的种类，企业就会寻找具备相关产品生产能力的企业，将一部分标准产品生产业务外包。

（3）承接标准技术研发业务。当某些大型企业在完成标准核心技术研发后，在进一步提升标准技术的兼容度时，为了降低企业的研发成本，同时将企业研发资源集中于核心技术体系的研发，企业就会将标准相关配套技术的研发外包给研发资源与能力极强的科技型中小企业。对科技型中小企业而言，承接相关配套技术的研发，一方面可获得大型企业的相关研发资源，提升自身技术实力；另一方面，通过承接技术研发业务，企业也可获得相当的经济收益。

（4）承接标准产品生产业务。在标准技术转化为标准产品的过程中，仅依靠几家企业很难完成数量庞大与种类丰富的标准产品的生产。此时，数量众多，主营业务丰富，生产能力强的中小企业就成为这一目标的主要完成者。对这部分中小企业而言，生产标准产品一方面使其接触了最新的技术，对企业的技术创新有推动作用；另一方面生产的标准产品也给企业带来了丰厚的回报。

在企业标准化战略具体实施中，中小企业往往并不是只开展单一的外包活动，而是通过多重标准相关业务的外包，成为标准化成功实现的重要推动者。

4.3.2.3　业务外包流程

（1）标准化战略分析。

中小企业中的业务是否进行外包，将哪些业务外包，或者涉及企业是否接受其他企业的外包业务，都需要企业根据自身标准化战略，进行慎重的决策。企业标准化战略分析是在明确企业标准化目标的基础上，收集企业标准化资源、能力等相关内部信息与经济、政策等外部环境信息，并在整合企业内、外部信息的基础上，分析企业实施标准化战略时具备的优势与劣势，机会与不足，进而制定出符合企业现状的最优发展战略。

（2）业务选择。

Arnold（2000）在分析外包业务时，将企业业务分为企业核心业务、核心相关业务、支持业务与外包业务四大类，且他们间的关系如图 4.8 所示[194]。

类似的，当企业在实施标准化战略时，其中代表企业核心资源与核心竞争力的核心业务，主要指企业运用核心优势资源，在标准化中需要完成的主要任务，

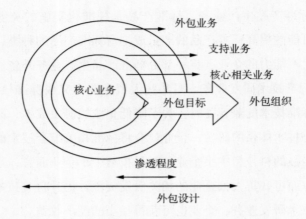

图 4.8　企业业务分类

核心相关业务是与标准核心业务联系最为紧密的业务，支持业务则是与标准核心业务存在不紧密关系，但其存在影响着标准核心任务完成的业务，外包业务则是与标准核心业务无关的业务。根据业务与企业核心竞争力的关系，最外围的业务将是企业选择外包的业务。

（3）外包对象确定。

合适外包对象的选择，既能提升企业外包业务的价值，也能给企业与外包对象带来收益。其原因在于企业将非核心业务外包给具备相关核心资源与能力的企业，不仅利用该企业的资源与能力来发展与提升外包业务的价值，同时也可利用与外包对象间的协议获得外包业务带来的经济收益。对外包对象而言，获得外包业务一方面为企业节省了一部分成本，另一方面也给企业带来了对企业发展有利的资源。因此，企业在选择外包对象时，要综合考察外包业务的特征与潜在外包对象的基本情况，对外包对象完成外包业务所具备资源与能力的情况进行评估，然后选择满足要求的外包对象。

确定外包对象后，企业就要对如何开展外包业务与外包商进行磋商，其中包括资产处理、生产资源来源、收益分配与业务考核等方面的内容，然后签订外包协定。外包协定的签订，将明确外包双方的权利义务，是外包业务顺利进行的基础。

（4）外包关系管理。

外包协议签订后，为了保障外包业务的顺利实施，对外包关系的管理就必不可少。与传统的合作关系不同，外包关系主要具有双赢战略，充分考虑双方利益与合作的共赢，鼓励对方反馈信息，从双方利益出发，公平交易，相互信任的合作伙伴等特征。良好的外包关系，有助于减少外包业务实施中信息不对称带来的风险。因此，企业在外包业务实施过程中，要建立有效的沟通、监督与管理机制，以对外包关系进行管理。

4.3.3　战略联盟

4.3.3.1　联盟优势

战略联盟是中小企业选择的最为常见的合作方式。其主要原因在于：第一，标准化战略联盟中成员众多，基本涵盖了标准化实现所需的全部资源。在标准战略联盟中，中小企业可通过联盟设置的规章制度，以较低的成本与更为便捷的方式获得其实施企业标准化战略中所需的相关资源。

第二，联盟的网状结构，有助于标准化信息与资源的流动。与线状的合作方式相比，网状的合作方式中信息与资源的流动更频繁也更高效。全面的信息与资源流动为联盟中的中小企业选择正确的标准化方向提供了条件。

第三，联盟制定的规章制度有利于保护联盟中成员的利益。运行良好的战略联盟往往制定了完善的规章制度，对联盟成员的权利与义务，成员间合作的进行及关系的管理等方面进行了明确的说明。这对保障联盟中不处于关键核心位置的中小企业的利益有积极作用。

4.3.3.2　联盟选择

近年来，随着国家与企业标准化战略的制定与实施，联盟作为推动标准化实现的重要组织，数量也日益增多，选择合适的联盟，对中小企业的发展至关重要。

一方面，中小企业要明确自身目标，选择与企业目标一致的联盟。与企业目标一致，一方面中小企业可在联盟中找到对企业目标发展有利的伙伴，进而加速企业目标的实现；另一方面，企业目标与联盟目标的一致，可确保企业与联盟向相同的方向努力，从而降低企业个体与联盟整体的冲突。

另一方面，中小企业要明确自身优势，提升企业在联盟中的重要性。联盟中成员众多，掌握标准核心技术与关键资源的企业往往占据着联盟的核心位置，他们凭借自身技术与资源优势在标准化中发挥着关键作用，并获取了标准化带来的高额收益。与这些成员相比，中小企业在技术与资源上不具备明显的优势，为了获得更多标准带来的收益，中小企业就要明确自身优势，提升企业在标准化中的重要性。

4.3.4　非正式合作

在标准化中，除了签订正式协议的合作外，中小企业还与其他相关组织间存在着非正式的合作，具体方式有：（1）企业参观学习。企业到其他企业组织进行实地考察，了解与学习对方的先进技术与管理经验；（2）会议交流。共同推进标准化实现的不同组织间就标准化中的某一问题组织相关成员进行讨论，其目的在于集思广益，共同解决难题；（3）人员培训。当企业内部员工不能满足标准化发展需要时，企业就会采用各种方式对员工进行有目的、有计划的培养与训练，从而为企业实施标准化提供充足的人员储备。

中小企业与不同企业、组织间的不同合作方式，灵活有效的联合了不同企业、组织的优势资源，降低了标准化中的风险，加快了标准化的实现。

4.4　基于企业生命周期的标准化合作模式选择

与生物有机体相似，中小企业的发展也会经历一个产生、发展、成熟与衰退的过程，且在发展的不同阶段，中小企业所呈现出的特征也有所不同，对应的选择标准化合作模式也有所不同。

4.4.1　初创阶段

4.4.1.1　中小企业初创阶段特征

在中小企业的初创阶段，企业成立的目标是获取利润，因此，此阶段企业的任务是开拓市场，提高企业知名度。在管理方面，由于企业刚成立，组织结构不完整，管理制度不完善，企业管理处于探索、试验的阶段，整个企业的运行管理极端依赖于企业的领导者。在风险方面，企业成立之初面临着诸多的风险，如企业经营的风险，市场开拓的风险等。但因为中小企业规模较小、资源较少，因而应对风险的能力较弱。在技术、产品方面，在企业初期，企业的资源较多的应用在维持企业生存方面，在技术研发、产品生产方面的投入较低，相应的研发能力较弱，企业生产的产品种类较少，产量也较低，市场竞争力较弱。

4.1.1.2　标准化合作模式选择

企业初创阶段，在维持企业生存的基础上，中小企业因为人力、资金等资源的不足，管理的不完善，应对风险能力较弱，技术、产品等能力较低等原因，选择的标准化模式为横向合作模式。一则，初创阶段的中小企业技术、产品方面的资源与能力较弱，与同一模块中的企业间合作，可获取相关的信息与资源；二则，因为初创期企业的发展方向还不明确，与同一模块的企业合作，可为企业技术研发、应用、生产产品的类型等指明方向，这些都对企业的发展极为有利。

具体的合作方式有：（1）项目合作。当标准化涉及的活动超出中小企业的资源与能力范围时，与其他具备专业化资源的企业、组织进行项目合作，一方面弥补了中小企业资源的不足，另一方面加快了标准化的进程；（2）战略联盟。加入已经组建的标准战略联盟，通过联盟全面获取对企业标准化战略实施有帮助的资源、技术与信息；（3）非正式合作。中小企业可通过参观学习或人员培训的方式，来获得其他企业开展标准化的成功经验，或为企业标准化战略的实施提供充足的人力资源。

4.4.2　发展阶段

4.4.2.1　中小企业发展阶段特征

在中小企业的发展阶段，在保障生存的基础上，企业进一步扩大生产，以获取更多的经济收益。在管理方面，企业组织结构初步完整，人力、财务、营销、生产等部门基本建立，管理制度基本健全，企业管理基本步入正轨。在风险方面，经过初创阶段的发展，企业经营趋于平稳，资源得到了一定的积累，初步具备了一定的市场基础规模，应对风险能力上升。在技术、产品方面，企业拥有了相对稳定的资源投入，且经过市场的考验，企业的研发、生产能力得到了提升，研发的技术，生产的产品种类增加、产量提升，且初步形成了企业具有竞争力的技术或产品。

4.4.2.2　标准化合作模式选择

在发展阶段，中小企业实施标准化战略选择的合作模式为混合合作模式。中小企业经过一段时间的发展，技术与产品都具备了一定的市场竞争力。在横向合作方面，一方面，与同一标准化模块企业技术研发方面的合作，可利用企业间技术的溢出效应，提升企业标准相关技术研发的能力；另一方面，与模块中产品生产互补的企业合作，可利用资源的互补效用，在提高优势标准产品产量的同时，提高企业优势资源的利用率。

在纵向合作方面，在上下游企业提供的信息与资源基础上，一则，中小企业可不断调整企业标准技术研发的方向，通过提升企业研发标准技术的应用性，进而提高企业标准技术的市场应用价值；二则，有助于中小企业提升研发、生产的标准产品兼容性，通过与更多其他标准相关产品的兼容，进一步提升标准带来的消费效用，扩大标准的用户基础规模。

展开合作的具体方式有：（1）外包业务。为了提升企业的技术水平，同时节约成本，中小企业选择将一部分标准技术研发业务外包给专业的高校、科研院所等机构；或是承接来自同一/不同标准化模块中企业的标准产品生产业务，既有利于企业节约研发生产成本，也有助于企业获取外包业务带来的经济收益；（2）项目合作。中小企业就标准化中遇到的技术与生产方面的问题，与对应的企业建立项目合作，借助双方企业的优势资源，共同解决问题；（3）战略联盟。具有一定竞争力的中小企业，在战略联盟中，不仅可以获得进一步发展的技术与资源，而且也能利用联盟在推进标准化发展方面的优势，实现企业自身标准化战略目标。

4.4.3 成熟阶段

4.4.3.1 中小企业成熟阶段特征

在中小企业的成熟阶段，企业的经营收益达到最大化，且企业经营也处于稳定状态，此阶段企业的目标是进一步提高企业收益，扩大企业规模。在管理方面，企业形成了完善的组织结构，制定了完善的管理制度，企业管理较多的是依赖管理制度或领导者在管理制度基础上进行决策。在风险方面，企业内部结构完整，资源充足，运行良好，对外部变化反应及时，具备了极强的风险应对能力。在技术、产品方面，企业拥有了一定的用户基础规模，对新技术与新产品的需求降低，研发、生产方面的投入下降，研发与生产能力没有得到提高。企业依然依靠原有业务生存发展。

4.4.3.2 标准化合作模式选择

对处于成熟阶段的中小企业而言，选择的标准化合作模式以纵向合作为主。一则，此阶段的中小企业在创新方面缺乏动力，但生产能力已经达到最大。与同一标准化模块中的企业合作，既缓解了创新方面的不足，也可充分利用企业在生产方面的优势。二则，处于成熟期的企业，在同一标准模块中极具竞争力，为了进一步拓展业务，企业可与不同模块中的其他企业开展合作。

具体的合作方式有：（1）业务外包。中小企业在企业制定的标准化战略基础上，整合企业内部资源，将不具优势的业务外包给不同标准化模块内的其他企业，集中企业优势资源，开展标准化活动；（2）战略联盟。已颇具竞争力的中小企业，利用联盟已构建的标准化网络，通过与联盟成员的协同合作，进一步扩大企业在标准化中的影响力。

4.4.4　衰退阶段

4.4.4.1　中小企业衰退阶段特征

到了衰退阶段，企业的经营收入减少，企业经营受到外部的冲击增大，在此阶段企业的目标要么是转型成功，得到进一步发展，要么是转型失败，从此企业衰亡。在管理方面，企业的现有管理制度不再适应企业新的发展要求，要求企业调整或重新制定新的管理制度。在风险方面，企业现有经营模式与发展要求的不匹配，外界市场竞争的加剧，企业资源的减少，降低了企业对风险的承受力。在技术、产品方面，为了寻求新的发展，企业增加在研发、生产方面的投入，以谋求技术或生产方面的创新，进而为企业的发展寻找新的方向。

4.4.4.2　标准化合作模式选择

衰退期企业在实施标准化战略时，主要选择的合作模式是纵向合作。其主要原因有：首先，衰退期的企业为了谋求进一步的发展，在大力进行技术方面的创新。与其他标准化模块中的企业合作，可获取不同的信息与资源，有助于企业创新的进行。其次，衰退期的企业在同一模块中面临的竞争压力巨大，为了缓解压力，企业寻求与外部企业的合作。最后，与其他模块企业的合作，可利用其他企业的技术与资源，继续推行企业标准化的发展。

具体的合作方式有：（1）项目合作。对标准技术研发方面遇到的问题，中小企业与其他模块中的企业成立合作项目，共同解决问题；（2）战略联盟。联盟中成员众多，与其他成员间的合作，不仅获得了大量的信息，也以较低的成本获得了大量的资源，为企业的改进奠定了基础。

4.5 基于产业生命周期的标准化合作模式选择

与企业发展相似，产业的发展也经历了形成、成长、成熟与衰退四个阶段，如图 4.9 所示。对应的，处于产业不同阶段的中小企业，选择的标准化合作模式也有所不同。

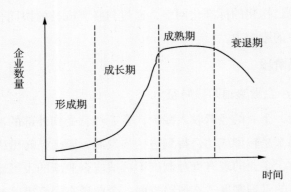

图 4.9 产业生命周期示意图

4.5.1 产业形成期

4.5.1.1 产业形成期特征

产业形成期是指某些生产或社会活动经过发育与组合，不断成形并进而构成产业基本要素的过程[195]。形成期的产业，通常具有以下特征：（1）产业内企业数量较少，一方面在于产业的市场需求还不明确，产业未来发展还不确定，该阶段进入产业的企业较少；另一方面，很多企业未能发现该产业涉及的需求，因而也就无法在该阶段进入产业。因此，该阶段上产业内企业的数量不多，且结构单一，业务集中；（2）产业技术发展不成熟。主要表现为技术性能不稳定，技术发展方向不明确与技术应用不确定等；（3）产品不具有市场竞争力。由于企业数量较少与技术不成熟，使得该阶段的产品种类单一，产品质量不稳定，进而影响着产品的市场竞争力。

4.5.1.2 标准化合作模式选择

针对形成期产业的特征，中小企业选择的标准化合作模式为横向合作。其主要原因有：首先，产业的结构还不完善，不同模块间较为分散，难以形成紧密的联系；其次，该阶段产业内各企业都还在进行探索性的发展，各自目标还不统一，很难在不同模块间开展合作；最后，产业内的技术与产品都还不成熟，阻碍着不同模块间合作的进行。

因为企业数量较少，发展还不成熟，因此，该阶段的具体合作方式为项目合作。具体表现为中小企业与同一模块中的其他企业就遇到的技术或产品方面的问题进行合作，以集中优势技术与资源共同解决问题。

4.5.2　产业成长期

4.5.2.1　产业成长期特征

到了产业成长期，产业快速发展，由于产业市场需求的明确，产业内的企业数量快速增加，产业结构趋于完善。大量的企业，完善的产业结构，降低了产业内企业业务的集中度，同时也丰富了产业内产品的种类。随着产业内企业数量的增加，产业内的竞争加剧，为了提升竞争力，企业不断进行技术创新，从而推动整个产业技术的进步。产业的发展，技术的创新，提升了产品的质量，丰富的产品种类使得市场用户的消费效用得到提高，提高了产业产品在市场的竞争力。

4.5.2.2　标准化合作模式选择

在快速发展的产业阶段，中小企业选择的标准化合作模式主要为混合合作模式。主要原因有：（1）产业内企业的大量增加，加剧了同一标准化模块中企业的竞争，对相似资源与市场的争夺，当企业资源较少，能力较弱时，推动企业联合同一模块中的企业，共同发展；（2）与其他标准化模块中的企业合作，有利于企业获得外部的信息与资源，提升企业在模块中的竞争力；（3）与上下游企业的合作，为企业推动标准，快速进入市场奠定了基础。

具体的合作方式有：（1）业务外包。产业快速发展，市场需求扩大，为了尽可能地扩大标准的用户基础规模，提升标准市场影响力，中小企业选择外包或承接外包的方式，集合企业优势资源，提高企业标准产品产量；（2）战略联盟。联盟网状的结构，完备的资源，为中小企业推进标准化快速发展提供了条件。

4.5.3　产业成熟期

4.5.3.1　产业成熟期特征

到了产业的成熟期，产业市场需求增长缓慢，产业链结构完整，产业内企业数量达到最大，有限的市场需求与增加的企业数量，导致企业间竞争激烈，而竞争的结果是产业内出现一定垄断性的组织，该组织占据了大部分的市场份额。经过成长期的技术创新，产业内技术成熟，产品的产量与质量都得到了提高。经过产业内企业的竞争与市场的筛选，产品出现同质化现象。产业技术与生产带来的产品规模经济化，导致市场进入壁垒提高。

4.5.3.2　标准化合作模式选择

在产业成熟阶段，中小企业选择的标准化合作模式以纵向合作为主。主要原因有：（1）同一模块中企业竞争十分激烈，为了寻求新的发展，企业选择与不同模块的企业合作，获得有助于企业进一步发展的外部资源与信息；（2）形成的完整产业链结构，加强了不同标准化模块间的交流，为中小企业实现不同模块间企业的合作提供了条件；（3）企业与上下游企业的合作，提高了企业标准技术与产品的兼容性，有助于企业进一步扩大标准市场规模。

具体合作方式有：（1）业务外包。中小企业外包或承接外包标准技术研发或标准产品生产业务，一方面降低了企业的标准化成本，集中了企业优势资源，另一方面获得了不同标准化模块中企业的相关技术与资源，有利于中小企业竞争力的提升；（2）项目合作。激烈的竞争环境，给中小企业实施标准化战略带来了极大的压力。面对标准化发展中遇到的问题，短期的项目合作，能有针对性的快速解决问题；（3）战略联盟。联盟在推进标准化实现方面具有的整合资源，节约成本等优势，为中小企业获取相关资源，推动标准化实现提供了条件。

4.5.4　产业衰退期

到了衰退期，新的产业兴起，原有产业市场需求下降，产业内企业获得的市场收益减少，产业内企业开始退出该产业，企业数量降低。产业内技术创新动力减弱，企业纷纷转向新的方向发展。产品产量降低，种类减少，新产品研发停滞，相对于市场需求，产业出现供给过剩的现象。

对于产业衰退期的中小企业，因为现有产业缺乏市场竞争力，同时市场需求下降。为了确保企业的标准化战略顺利实施，中小企业选择与不同模块中的企业以业务外包的方式开展合作。一则，与不同模块企业的合作，以资源联合的方式寻求推动标准化实现的机会；二则，不同模块企业间异质资源的协作，为企业发展寻找新方向提供了条件。

4.6　本章小结

本章对中小企业标准化合作模式进行了研究。在分析中小企业标准化合作原理的基础上，指出标准化合作的开展有助于标准化企业间知识的转移、资源的共享与风险的分摊。接着从标准化产业链的角度指出中小企业合作的模式有横向合作、纵向合作与混合合作等方式，具体的合作方式则有业务外包、项目合作、战略联盟与非正式合作等几类。最后，在分析中小企业生命周期特征与产业生命周期阶段特征的基础上，研究不同阶段中小企业选择的标准化合作模式，认为不同阶段合作模式不同，有助于中小企业灵活配置资源，在推动标准化实现的基础上，实现标准化相关资源的效用最大化。

第 5 章 | 中小企业标准研发能力

　　标准化的实现是一个研发技术实现市场应用的过程，这一过程的发展离不开标准技术与标准产品的研发。本章在分析标准化所涉及的研发活动的基础上，探究中小企业实现标准化所需研发能力构成以及其对标准化的影响，以期为中小企业更快、更好的推动企业标准化实现提供理论基础与前提条件。

5.1　标准化研发活动

　　研发技术成功实现大规模市场扩散，所具备的前提条件主要有标准技术的研发及市场标准的应用等，因此，标准化实现过程中涉及的研发活动主要有标准技术研发与标准产品研发等。

5.1.1　标准技术研发

　　标准化实现的基础是标准技术体系的构建，因此，标准化开始阶段进行的主要活动是标准技术的研发。一般情况下，在某一标准技术体系中，企业所掌握的技术越重要，企业所能获得的标准收益就越丰厚。在标准核心技术确定前，为了将自身技术发展成为核心技术，市场中的企业纷纷进行技术研发。由于此阶段各企业研发技术的相似性，使得该时段企业间的竞争异常激烈。除了新标准技术研发企业间的竞争，因为不愿意放弃对市场的控制，市场现有标准给新标准技术的研发带来了很大的压力与阻碍。

　　经过一段时间后，某一企业因为实力强大、技术性能优越或政府扶持等原因，其研发的技术成为标准构成核心技术。掌握标准核心技术的企业采取"技术专利化"的策略，将标准技术转化为标准构成专利，以构筑技术壁垒，占据市场技术的优势地位。核心技术确定后，市场中的其他企业为了获得标准所带来的竞争优势与经济收益，围绕标准核心技术研发互补/配套的标准技术。为了提升标准技术的应用性与兼容性，核心技术与互补/配套技术经过一系列的组合、调整后，形成标准"专利池"，至此，标准技术体系初步完成。

5.1.2　标准产品研发

完成标准技术体系构建外，接下来的活动主要是在构建的标准技术体系基础上，研发出相关的标准产品，通过标准产业链的构建，为标准进行市场扩散提供前提条件。因此，标准技术转化所涉及的活动主要有：（1）标准产品研发。成功的标准产品研发是标准化成功的关键，为了尽可能的提高标准产品研发的成功概率，相关组织在对标准构成技术体系进行整合的基础上，将整合的标准技术授权给产业链中的企业，利用产业链中企业掌握的优势资源，在不同产业链模块间开展协同合作的基础上，完成对标准产品的研发；（2）标准互补/配套产品研发。除了标准产品外，为了进一步提升标准的市场效用，扩大标准应用范围，围绕标准产品，标准产业链中的企业同时研发出一系列的互补/配套产品；（3）标准及相关标准产品生产。在完成标准产品及标准互补/配套产品的研发外，实现标准技术大规模市场扩散的基础是产业链具备生产大量相关产品的能力。

综上，标准化的实现是一个动态的发展过程，在这一过程中，标准技术体系不断完善，标准产品不断丰富，标准市场逐渐成熟，标准市场影响力不断扩大。

5.2　中小企业标准研发能力构成

Deeds 等认为研发能力是一种衍生新技术与新产品的能力[196]，其内容涵盖企业对新知识的探索，新产品与衍生品开发的能力[197]。在标准化中，完成标准化实现过程中的标准技术与标准产品研发，中小企业的标准研发能力构成主要表现为研发投入与专利产出。

5.2.1　研发投入

5.2.1.1　研发投入界定

经济合作与发展组织（OECD）认为研发（Research and Development，简称 R&D）主要指在系统的基础上，为增加人类、社会等方面的知识存量而进行的创造性活动，以及将这些知识充分运用并从而设计新的应用。在国际会计准则中，研发主要分为研究与开发活动，其中研究主要是进行有计划与有创造性的调查活动，其目的在于获取与理解新的科学与技术知识，而开发活动则主要指在开始商业应用前，将研究成果或知识应用于某项计划或设计，以实现旧产品改造或新产品生产的目的。

在研发活动中产生的投入就是这里所讲的研发投入，分为资金投入和人员投入两大类[198]。其中资金投入主要包括研发活动中的设备费用、劳务费用、折旧费用等，人员投入主要是研发活动中所需的研发技术人员、相关辅助人员等。研发资金与人员等的投入是研发活动开展与研发成果获取的重要基础与前提条件。

5.2.1.2 研发投入作用

作为中小企业标准化实现过程的重要支出，研发投入的存在具有的作用有：
（1）影响中小企业可持续发展。一方面，研发投入通过对企业生产率的影响，进而影响企业的市场竞争力。由研发活动的定义可知，研发所获得的创新知识或技术，作用在企业的生产运营中时，对现有生产运营中不足的改进，从整体上提升了企业的生产率，同时也进一步提升了企业在市场上的竞争力。另一方面，以研发投入为基础的研发活动，给中小企业改造旧产品或开发新产品提供了条件。产品的升级或开发为企业扩大市场份额，提高企业经济收益奠定了坚实的基础。

（2）影响中小企业的创新产出。创新产出主要指已经市场化的发明创造[199]。研发资金与人员的投入，在保证研发活动开展所需的设备及材料等的同时，也保障了研发人员开展研发活动的积极性。充足的资金与积极的研发人员，不仅提高了研发活动成功的概率，同时也在一定程度上缩短了研发成果获取的时间。

5.2.1.3 研发投入影响因素

研发投入作为中小企业支出的重要组成部分，其在企业全部支出中所占的比例受到多种因素的影响。在企业外部，影响因素主要有：（1）市场需求。市场需求是企业开展研发活动的主要动力。当企业所提供的产品不能满足市场需求时，为了不被市场淘汰，并获得进一步的发展，企业就在市场需求变化的基础上增加研发投入，积极开展研发创新活动，进而研发出满足市场需求的技术或产品；（2）行业竞争。行业竞争影响着企业研发策略的制定。一则，行业的竞争程度影响着企业经济收益。当行业竞争程度加剧时，为了获取更多的经济收益，中小企业通过增加研发投入，以提高生产率或产品价值的方式，提升企业在行业中的竞争力。二则，竞争企业所制定的研发战略影响企业自身的研发策略。一般而言，研发技术存在一定程度的溢出效应，即不管主动或被动，企业研发的先进技术或多或少的都会被市场中其他企业以较低的成本学习或模仿。在技术溢出效应的作用下，企业会根据竞争对手的研发策略，调整企业自身的研发投入。例如，当企业目标只是学习竞争企业的技术时，企业就会降低在研发方面的投入。而当企业目标是研发出比竞争企业更先进的技术时，企业就会增加在研发方面的支出。

在中小企业内部，影响研发支出的因素主要有：（1）领导者决策。中小企业由于企业结构较为单一，其领导者往往是企业发展策略的主要制定者。当中小企业领导者认为增加企业的研发投入有必要时，企业在研发方面的投入就会相应增加。反之则会降低；（2）企业的发展战略。企业发展战略是企业未来一段时间发展的方向。当企业以研发为重要的发展战略时，为了实现企业的研发战略目标，企业在研发方面的投入就会相应增加；（3）企业的资金状况。企业拥有资金的多寡对企业在研发方面的投入决策有着重要的影响。当企业拥有充足的资金时，企业在研发方面可支配的资金也就相应充足。

5.2.2　专利产出

5.2.2.1　专利产出界定

专利（patent）一词最早来源于拉丁语 Litterae patentes，是指一种法律文件，这个文件由政府机关或国家区域代表组织依据申请人的申请而颁发，主要记载申请人的发明创造内容。一般而言，能够授权成为专利的发明或实用新型通常具有以下特征：（1）新颖性。指该发明或实用新型不属于现有技术，也没有任何单位或个人以相同的发明或技术在申请日前向专利部门提出申请，并记载在申请日后的文件中；（2）实用性。专利法中对实用性的定义为"该发明或实用新型能够制造和使用，并能够产生积极的效果"。因此，成为专利的发明或实用新型能够在行业生产中大量运用，并能够应用在生产与人民生活中，同时产生积极的效果；（3）创造性。指与现有技术相比，某一发明或实用新型具有显著的特点与明显的进步。

我国专利法主要将专利分为发明专利、实用新型专利与外观设计专利三大类。其中发明可以是一项解决技术问题的构思或一项方案，具有工业上应用的可能性；实用新型则是对产品形状、构造或其结合所提出的适于使用的新的技术解决方案；外观设计指对产品形状、图案或其结合以及色彩、图案及形状结合所做出的富有美感并适用于工业应用的新设计。

专利产出则是指用数量指标对专利进行反映，常用的专利指标主要有：（1）专利数量指标。该指标主要以数据的形式反映企业专利数量的情况，以通过专利数量的多寡来衡量企业的发展；（2）专利质量指标。专利质量主要指某一专利文献被引用的次数。一般而言，专利文献的引用次数越多，表示该专利就越先进。

5.2.2.2 专利产出作用

由于专利具有独占性且具有法律效应，同时也代表了一定的技术水平。因此，拥有专利，对中小企业而言，首先，提升企业市场竞争力[200]。一方面，企业申请的专利具有一定的技术性能，能在企业的生产运营中得到应用，进而影响企业的生产与运营效率；另一方面，专利具有的独占性也避免了其他企业以较低的成本获得该技术的使用权，保障了专利拥有企业的权益。

其次，增加企业经济收益[201]。一则，专利在企业生产运营中的应用，通过影响企业生产经营的效率，间接提升了企业的经济收益；二则，专利作为独占性的技术文件，当其他企业需要应用该项技术时，专利许可带来的费用也增加了企业的经济收益。

最后，影响企业的发展方向。企业拥有专利的类型与数量，影响着企业发展战略的制定。企业可在其拥有专利的基础上，决定企业的发展方向。如当企业拥有专利众多时，说明该企业的市场竞争力较强，对应的企业可采取扩大生产的战略，以巩固其市场地位，同时进一步扩大市场份额。而当企业拥有的专利较少时，为了生存与发展，企业要么进一步增强自身研发能力，提升企业的市场竞争力，要么选择与其他企业进行合作，利用企业间的资源互补，促进企业的发展。

5.2.2.3 专利产出影响因素

中小企业拥有专利数量的多寡，不仅受到企业内部因素的影响，同时也受到企业外部因素的影响。在企业内部，影响企业专利产出的因素主要有：（1）企业研发能力。专利作为解决某一问题的技术方案，本身具有一定的技术含量。因此，要完成技术方面的改进，并将该技术的变化申请成为专利，离不开企业研发资金与人员等研发方面的投入。一般而言，企业研发能力越强，研发方面的投入越多，企业的专利产出相应的增加；（2）企业发展方向。企业的发展方向在一定程度上决定了企业未来一段时间内资源的投入结构。当企业以专利研发作为企业重要的发展方向时，企业内相关优势资源就会集中于技术研发方面，这极大促进了企业专利产出数量的增加。反之，当企业在技术研发方面的投入减少时，企业专利产出的增长幅度就会相应的降低。

在企业外部，影响企业专利产出的因素主要有：（1）市场需求。市场需求是企业经营活动开展的重要基础。当市场对企业技术提出新的要求时，为了满足市场需求，保证企业的生存与发展。企业就会在市场技术需求的基础上，进行技术研发，此时企业的专利产出数量处于增加的状态；（2）政府专利制度。专利制度是以专利法为核心，通过经济、法律和行政等手段，激励发明创造，保护和管理专利，以推动技术创新与经济发展的一系列规则[202]。专利制度的存在不仅激励了企业专利研发活动的开展，同时也为保障企业合理权益提供了依据，这为企业进行专利研发提供了良好的环境。

5.3　研发能力对标准化的影响

5.3.1　研发投入对标准化的影响

研发投入是影响企业标准化的一项重要因素，因为研发投入的多少直接决定了企业的技术创新能力和范围，而技术创新则是标准产生的必要基础。一般而言，企业增加研发投入，生产技术就会不断创新和进步，企业的生产能力和水平就能得到提高，用以满足更多消费者需求的多样化产品和服务就会更多地生产出来。新技术、新产品、新服务覆盖市场的面越宽，种类越多，对标准的需求也就越多。所以，研发投入通过技术创新和产能扩大而转化为对标准的更大需求。企业的研发投入既有资金投入，也有技术专家和专业设备投入。合理的研发投入数量和研发投入结构，能够帮助企业优化资源配置，反之，不合理的研发投入数量和研发投入结构，可能产生巨大的资源浪费，不仅不会得到预期的新技术、新产品，还会带来资金周转困难，严重影响企业的正常运行，当然也就不利于企业标准化战略的实施。

5.3.2 专利产出对标准化的影响

专利是企业知识产权中最具有代表性的一种，通常用它来表示企业的知识产权的基本情况。相对于大型企业而言，中小企业在技术创新的能力和规模上要差很多，但中小企业的数量太多，以至于有研究表明，全国大约有 70% 的技术创新、65% 的发明专利和超过 80% 的新产品是来自于中小企业。企业若能够持续进行技术创新，获得系统的专利技术，那么在战略选择上就具有很大的便利，既可以实施"技术专利化、专利标准化"的战略，也可以执行差异化战略，以此来保留专利技术。如果实施前面的标准化战略，企业就要充分利用标准和专利的合作关系，来实现市场竞争中的有利地位。一旦企业实施标准化战略，就会有一些企业参加各种各样的标准化技术委员会和标准化组织，争取更多的标准制修订的机会和权力，这样的企业也就能够为社会、企业提供更多更好的标准。

综合来看，从研发投入和专利产出两个方面来测量企业的研发能力是一项重要的决策。增加研发投入就能期望获得更多、更好的专利产出，也就能够直接判断出企业的研发能力和标准化能力。企业发展过程中标准是一个不可或缺的基础条件，能否直接主导制定或者参与制定标准，所以说，研发投入和专利产出与企业的标准化能力有着非常密切的联系。

5.3.3 研发能力与标准化关系

5.3.3.1 标准化指标

企业标准化行为是其标准供给和需求的一个综合表现，在企业的不同发展阶段，其标准需求和供给的特征和表现都不一样，相应地，企业在整个生命周期标准化过程中扮演的角色也会不断变化。因此，用怎样的指标来衡量标准化能力，一直都没有得到完全解决，不同的学者对此有不同的方法。在现有相关文献中，表征标准化能力或者水平更多的还是选择标准增量这个指标。所以，本书也借鉴这种做法，用年标准增量，也就是企业每年参与制定标准的数量，来表示其标准化能力。企业积极参与国家标准、行业标准的制定，既说明这个企业对相应标准有需求，也说明这个企业在相应标准的制定上有话语权。当然，并不是每个企业都能够参与标准的制定，也不是每年都有标准的制定，这就可能导致被解释变量的观测值大面积为零。为了避免这种现象带来实证检验的误差，本书借鉴曾德明等（2016）的做法，采用当年、滞后一年和滞后两年共计三年的标准制定总数来作为标准化的衡量结果。

5.3.3.2　研发能力指标

因为研发投入和专利产出是标准化能力的重要影响因素，本书用这两个指标来测量研发能力，作为计量模型中主要的解释变量。为了避免中小企业因为行业差异和规模差别而导致的研发投入绝对数量比较的不恰当，本书选择研发投入的具体指标是研发投入强度，即研发投入占主营业务收入的比重。考虑到研发效率和研发投入的滞后性，本书采用上期和当期的研发投入强度来共同检验。专利产出所使用的指标是专利增量。

5.3.3.3　控制变量

借鉴相关文献的经验和做法，本章选择企业负责起草标准的次数、标准涉及范围、政府支持力度和企业资本结构作为模型的控制变量。之所以选择企业负责起草标准的次数这个指标，是因为一个中小型企业能够参与标准的起草，无论是国家标准还是行业标准，都说明这个企业在行业中影响大，标准化能力强。根据制定标准过程中的作用和权威性的大小，我们将标准的起草单位细分为负责起草单位和参与起草单位，分别给以不同的权重。所谓标准涉及范围，是指企业制定标准涉及的领域，涉及的领域越多，企业在相关标准制定上就越有影响。政府支持企业包括政策支持和资金支持，为了简化问题和程序，本书选择企业获得的政府补助作为测量政府支持的指标，尽管政府支持还包括政策支持。企业资本结构则用资产负债率来表示。

综合前面的分析，研发能力、标准化与控制变量的变量定义如表 5.1 所示。

依据上述理论分析与变量定义，可知研发能力与标准化间的关系如公式 5.1 所示：

$$ST = \alpha + \beta_1 RD + \beta_2 PAT + \beta_3 LEAD + \beta_4 RANGE + \beta_5 GOVER + \beta_6 LR + u$$

$$(5.1)$$

其中，α 为常数，β_i（$i=1$，2，3，4，5，6）为变量与标准化间的关系系数，u 为误差项。

表 5.1 变量定义

变量		符号	定义
标准化		ST	参与制定标准的次数
研发能力	研发投入	RD	当期研发费用/当期主营业务收入
	专利产出	PAT	每年专利申请数
控制变量	负责起草次数	LEAD	负责起草标准的次数
	标准所涉范围	RANGE	标准涉及的归口单位数
	政府支持力度	GOVER	政府补助/资产总额
	资本结构	LR	期末负债总额/期末资产总额

5.4 实证研究

5.4.1 描述性统计

5.4.1.1 样本选取

本书所使用的样本来自于在深交所中小企业板上市的企业。本书将按照四个步骤筛选样本，用以确保面板数据研究时段的稳定性和连续性：第一，只选择2011年1月1日之前上市的企业，这个时间之后上市的企业排除；第二，只选择属于第二产业的企业，属于第一产业和第三产业的企业排除，因为农业和服务业在技术创新和标准供给与需求等问题上有其特殊性；第三，只选择持续经营、本书涉及的期间没有重大变故的企业，在研究期间发生重大变故、终止经营的企业被排除；第四，只选择数据基本完整的企业，数据缺失比较严重的企业排除。按照这四个步骤，最终筛选得到有效样本企业211个。针对这211个样本企业，采集每个企业从2010年到2017年间的特征数据和标准数据，最后得到包括1688个观测值的平衡面板数据。需要说明的是，中国知网（www.cnki.net）《标准数据总库》、万方（www.wanfangdata.com.cn）专利数据库、工标网（www.csres.com）、巨潮资讯网（www.cninfo.com.cn）等网站是本书数据的主要来源，描述性统计分析、相关性分析和负二项回归分析则是主要的分析方法。

5.4.1.2 标准化水平描述性统计

本书回归分析相关数据所采用的研究工具是Stata12.0软件。标准化水平作为被解释变量，是一个不小于 0 的计数变量，表 6.8 中的描述性统计结果告诉我们，标准化水平的期望值是 4.9，标准差是 5.05，方差是 25.52，方差达到了期望值的 5 倍多，呈现出过度分散的特点。因此，为了防止显著性水平出现虚假现象和残差异方差，决定采用更有效率的负二项回归模型来进行分析。

根据表 5.2 呈现出的统计分析结果可知，所选择的全样本中各企业标准化能力均值为 4.29 项，最高值为 48 项，最低值为 0 项，样本均值基本呈现出逐年递增的趋势，从 2010 年的 2.52 项逐步增加到 2017 年的 5.28 项。各个样本企业之间的差距也在逐渐拉大，这充分说明中小企业的标准制定意识越来越强，标准化活动越来越多，成果也越来越丰富。

表 5.2　标准化水平描述性统计

	N	Minimum（个）	Maximum（个）	Mean（个）	Std. Deviation（个）
2010	211	0	48	2.52	4.353
2011	211	0	30	2.88	3.886
2012	211	0	36	3.80	4.921
2013	211	0	44	4.74	6.040
2014	211	0	46	4.99	6.110
2015	211	0	42	4.53	5.565
2016	211	0	34	5.09	4.091
2017	211	0	34	5.28	4.348
全样本	1688	0	48	4.29	5.052

5.4.1.3　其他变量描述性统计

根据表 5.3 呈现出的统计结果，211 个样本企业在样本期的 8 年间，研发投入强度无论是最大值还是均值都在不断增加，其中研发投入费用占比最高的达到了企业主营业务收入的 42%；企业年专利增量呈现出比较大的离散性，均值 29.97 项，最小值为 0 项，最大值达到了惊人的 1149 项，标准差接近 65；样本企业作为标准主要起草单位的次数均值为 4.92 次；标准所涉范围和资产负债率这两个指标比较稳定；但政府支持力度这个指标虽然整体规模不大，却有着比较大的波动，最大值达到了 0.1757，最小值仅为 0.00007。因此可以预见，由于样本企业所在行业的巨大差异性，少数几个解释变量可能会出现比较大的波动。

表 5.3　其他变量描述性统计

	N	Minimum	Maximum	Mean	Std. Deviation
R&D 投入强度（RD）	1688	0.00008	0.75960	0.0467508	0.04735550
年专利量（PAT）	1688	0	1149	29.97	66.457
负责起草次数（LEAD）	1688	0	58	4.9242	7.78818
标准所涉范围（RANGE）	1688	0	7	1.57	1.089
政府支持力度（GOVERN）	1688	0.00007	0.17571	0.0057074	0.00792859
资产负债率（LR）	1688	0.01478	1.30820	0.3918759	0.17740278

5.4.2　回归分析

5.4.2.1　变量相关性分析

各变量之间的相关系数矩阵可以通过对解释变量和控制变量的相关性分析得到，如表 5.4 所示。根据表 5.4 的分析结果，样本企业年专利增量和参与起草标准次数这两个指标呈现正相关，且在 1% 的显著性水平下通过检验，这说明年专利增量对企业的标准化能力具有明显的积极贡献。同样，企业负责起草标准的次数、标准所涉及范围、资本结构和政府支持力度等对企业的标准化能力具有积极的促进作用，且都在 1% 的显著性水平下通过检验。所以，在模型中将这些因素纳入进去是有其依据和意义的。

表 5.4　变量关系矩阵

	ST	RANGE	PAT	RD	GOVERN	LR	LEAD
ST	1						
RANGE	0.276 (＊＊＊) (0.000)	1					
PAT	0.138 (＊＊＊) (0.000)	0.094 (＊＊) (0.001)	1	.			
RD	0.031 (0.199)	−0.034 (0.160)	0.131 (＊＊＊) (0.000)	1	−		
GOVERN	0.031 (＊＊＊) (0.000)	0.015 (＊＊＊) (0.000)	0.012 (＊＊＊) (0.000)	−0.198 (0.690)	1		
LR	0.091 (＊＊＊) (0.000)	0.046 (0.060)	0.041 (0.090)	−0.061 (＊＊) (0.012)	0.021 (＊＊＊) (0.000)	1	
LEAD	0.179 (＊＊＊) (0.000)	0.003 (0.007)	0.054 (0.227)	−0.066 (0.077)	0.013 (＊＊＊) (0.000)	0.070 (0.006)	1

＊＊＊　Correlation is significant at the 0.01 level (2-tailed).

＊＊　Correlation is significant at the 0.05 level (2-tailed).

5.4.2.2 变量回归分析

由表 5.5 可知是负二项回归的结果。结果表明，5 个模型的控制变量拟合程度都比较高，4 个控制变量基本能在 1% 的显著性水平下通过检验。其中，企业标准所涉范围与负责起草标准的次数这两个因素，相对于其他因素而言，对标准化能力有着更为突出的正向促进作用。这充分说明企业作为标准起草的牵头单位负责起草标准的次数越多，其标准化能力越强；而企业标准所涉及的范围越广，也就是说，企业能够在一个以上的领域参与相关标准化活动，能够参与多种标准的制修定，也能充分证明其标准化能力越强。比较而言，政府支持力度这个因素对企业标准化能力的影响是最小的，这是因为政府对企业的补助不是普惠制的，每个企业获得的政府补助和支持不能固定和持续，单个企业连续几年的政府补助可能截然不同。企业的资本结构这个因素虽然对企业的标准化能力也有其积极的促进作用，但显著性水平要弱于其他控制变量。

对比模型 1 与模型 2 的结果：

模型 1：

$$ST = 0.6691 + 0.008PAT + 0.1179LEAD + 0.2168RANGE$$
$$+ (2.52e - 09)GOVERN + 2.1139LR + u_1$$

模型 2：

$$ST = 0.9142 + 2.4741RD + 0.5642LEAD + 0.2582RANGE$$
$$+ (4.89e - 09)GOVERN + 2.1901LR + u_2$$

模型 1 中，如果只放入年专利增量和其他控制变量，就可以看到年专利增量对企业的标准化具有显著的正向促进作用，作用系数为 0.008，即专利增量每增加 1%，可导致企业参与标准制定的次数增加 0.008%。模型 2 中，如果只放入研发投入和其他控制变量，就可以看到企业研发投入对企业标准化具有显著的正向促进作用，作用系数为 2.4741，即研发投入强度每增加 1%，可导致企业参与标准制定的次数增加 2.4741%。将这两个模型综合起来看，可以发现，在单独考虑这两个重要的解释变量时，研发投入强度和年专利增量两个变量都能够在 1% 的显著性水平下通过检验，也就是说，这两个指标都能够积极推进企业的标准化工作，但是，研发投入强度的作用要比年专利增量的作用大得多。

当同时考虑研发投入与专利产出时，结果如模型 3 所示：

$$ST = 0.8905 + 4.7077RD + 0.0086PAT + 0.3664LEAD + 0.2066RANGE$$
$$+ (2.84e - 09)GOVERN + 2.0254LR + u_3$$

在模型 3 中，研究结果表明研发投入和年专利增量对企业的标准化水平均有正向的促进作用，且前者的促进作用更大。

表 5.5　变量回归结果 1

变量	模型 1	模型 2	模型 3
RD		2.4741*** (0.332)	4.7077*** (0.067)
PAT	0.0080*** (0.0003)		0.0086*** (0.004)
RANGE	0.2168** (0.024)	0.2582*** (0.046)	0.2066*** (0.044)
LEAD	0.1179*** (0.0015)	0.5642*** (0.0061)	0.3664*** (0.057)
GOVERN	5.25e-09*** (3.02e-10)	4.89e-09*** (2.13e-10)	2.84e-09*** (1.67e-10)
LR	2.1139** (0.112)	2.1901** (0.162)	2.0254** (0.129)
Constant	0.66909011*** (0.142)	0.91417613*** (0.129)	0.89054986*** (0.151)

legend：＊＊ p<0.05；＊＊＊ p<0.01

5.4.2.3　稳健性检验

我们先将解释变量分别放入模型 1、2、3 中进行回归分析，第二步再将这些解释变量一起放入模型，就可以看到，无论是在变量系数、标准误差上，还是在显著性水平上都没有什么差异，具有显著的一致性，所以，本书的模型回归结果是稳健可靠的。

本书初始用企业当年的专利申请量来衡量年专利增量值，也有些文献用企业当年的专利授权量来衡量年专利增量值。这两个值一个着重申请，一个着重授权，在统计结果上必然存在差异。为了检验其是否影响检验的结果，我们在稳健性检验中将年专利申请量替换为年专利授权量，再用相同的模型和方法进行回归。表 5.6 是我们所得出的结果。

　　将表5.5和表5.6中的结果对比起来看，两次回归的结果没有出现很大的不同，研发投入强度和年专利增量这两个重要影响因素的系数符号和显著性水平都没有发生变化，控制变量也只是在系数大小上有很小的波动，符号和显著性水平同样没有发生变化。这充分说明无论使用怎样的主要解释变量，模型基本的回归结果都不会改变，因此本书的研究结论是稳健的。

表 5.6　变量回归结果 2

变量	模型 1	模型 2	模型 3
RD		2.4741*** (0.332)	3.6025*** (0.075)
PAT	0.0096*** (0.0003)		0.0097*** (0.004)
RANGE	0.2168** (0.024)	0.2582*** (0.046)	0.2066*** (0.044)
LEAD	0.1092*** (0.0020)	0.5642*** (0.0061)	0.4402*** (0.057)
GOVERN	5.05e-09*** (3.20e-10)	4.89e-09*** (2.13e-10)	2.40e-09*** (1.52e-10)
LR	2.0956** (0.1274)	2.1901** (0.162)	2.2432** (0.135)
Constant	0.7009*** (0.147)	0.91417613*** (0.129)	0.8549*** (0.1497)

　　legend：** $p<0.05$；*** $p<0.01$

5.5　本章小结

　　本章节主要论述中小企业标准研发能力对标准化的作用。首先，对标准化实现所涉及的标准技术研发与标准产品研发等研发活动进行描述，以了解中小企业在标准化中所需要完成的具体活动；接着分析指出企业研发能力主要由研发投入与专利产出等因素构成；最后论述了研发投入与专利产出对企业标准化的具体作用机理，提出了中小企业研发能力与标准化间的作用模型，并运用上市中小企业数据对该模型进行了验证。

第 6 章 | 实证研究

本章节在中小企业标准化相关理论分析的基础上，深入分析制定了国际标准的山东昊月新材料有限公司（简称昊月公司）这个典型案例，探讨中小企业标准化的动因、合作模式以及标准研发能力，实证检验前文讨论的主要结论，并提出具有可操作性的政策建议。

6.1 研究方法介绍

根据研究的基本内容：观察什么，分析什么，以及为什么，如何进行等，研究采用的方法主要有文献研究法、问卷调查法、访谈法、案例研究法与实证检验法等。表 6.1 清晰地说明了各种研究方法所具有的特征。

表 6.1 不同研究方法比较

研究方法	主要步骤	问题类型	研究目的	是否对研究过程进行控制
文献研究法	研究现有资料，总结规律，得到结论	怎么样 为什么	探索事物发展中的一些规律	否
问卷调查法	按一定程序，运用一定方法，搜集、整理、分析相关资料，得出结论，提出建议	谁，什么，何种程度	认识某一问题	否
访谈法	按照研究目的，设计访谈提纲，通过与研究对象进行交谈，收集资料	怎么样 为什么	了解较为复杂的问题	是
案例研究法	对单一事件进行研究	怎么样 为什么	通过个体进而认识整体发展	否
实证检验法	确定对象，设定条件，提出假设及对假设进行验证	是什么 怎么样	深入分析某一问题	否

资料来源：根据 Yin（1994）整理

研究问题的类型决定了研究方法的选择。当要了解"怎么样"问题时，且研究者很难控制研究对象时，案例研究是较为合适的研究方法，当需要对研究对象间提出的假设进行验证时，则需要采用实证研究的方法[203]。本书研究旨在了解中小企业标准化的动力、合作模式及标准化实现所需的研发能力等，结合不同研究方法的特征与文章的研究目的，拟采用案例研究的方法对中小企业标准化动力、合作模式与标准化研发能力进行研究。

6.1.1　案例研究设计

按照 Yin （2010） 对案例研究设计的要素要求[204]，本书的案例研究设计如下：

（1）研究问题。在中小企业标准化建设中，企业参与标准化活动的动因与选择的标准化合作模式是什么。

（2）理论假设。假设的存在，主要帮助研究者集中于必须研究的问题，而不及其他。因此，本案例研究的假设主要有：

假设 1：中小企业标准化的动力因素分为内、外部因素；

假设 2：在企业生命周期的不同阶段，中小企业选择的合作模式不同；

假设 3：在产业生命周期的不同阶段，中小企业选择的合作模式不同；

（3）分析单位。文章以我国标准化较为成功的中小企业为分析对象，并围绕其标准化活动收集、分析相关数据。

（4）连接数据与假设逻辑。本案例研究数据、资料紧密围绕研究所提出的假设，即企业开展标准化的动因，合作模式的数据与资料。

（5）研究结果解释。根据文章的理论推演，以事实为依据，在对案例进行分析的基础上，深入、全面的了解事物本质。

6.1.2　案例研究检验

为了提高案例设计的质量，专门设置以下指标进行检验[204]：

（1）效度检验。一是采用多途径的数据、资料来源，根据文章研究对象特征，将通过企业官网、国家知识产权局、权威新闻网站等，围绕研究假设收集丰富的数据资料；二是对不同渠道获得的资料进行整理、分析，形成围绕假设的证据链。

（2）内部效度检验。内部效度的检验，需要注意两个方面：一是内部效度仅适用于因果关系研究，二是内部效度检验推广到推论到结论的过程。本书的案例研究比较多的是描述性分析，因此，可忽略对内部效度的检验。

（3）外部效度检验。尽管本书只选择了一个中小企业做案例研究，但本书所选取的案例研究对象在推动标准化实践方面，特别是在作为中国的中小企业制定国际标准方面，具有非常突出的表现，以及很强的代表性。该案例的研究对其他中小企业推动标准化实现具有很大的借鉴价值。

（4）信度检验。本书将采取措施尽最大可能来确保案例研究中收集和使用到的相关信息的全面性、真实性与有效性，尽可能降低偏见与误差出现的可能性，最终提高案例研究的信度。

6.2 昊月公司标准化动力

随着标准在技术与经济发展中的作用日益增强，作为市场主要活动主体的中小企业不管主动还是被动，其企业活动或多或少的都涉及标准化。在这其中，最为显著的是山东昊月新材料股份有限公司，其主导制定的《吸收血液用聚丙烯酸钠高吸收性树脂 第 1 部分：测试方法》、《吸收血液用聚丙烯酸钠高吸收性树脂第 2 部分：规格》两项标准于 2017 年 8 月 14 日被国际标准化组织（ISO）作为国际标准正式发布实施。凭借着制定的两项国际标准，昊月公司不仅成功打开了海外市场，同时也成功抢占了产业竞争的制高点。因此，对昊月公司的标准化进行研究，具有一定的代表性。

6.2.1 昊月公司标准化内部动力

6.2.1.1 公司领导人决策

昊月公司于 2003 年 5 月 28 日在山东章丘成立，公司主营业务为高分子吸水树脂、吸水纸的加工与销售等。经过十几年的发展，公司业务不断扩展，成为集研发、生产、制造与销售于一体的高吸收性树脂专业制造商，现拥有六大系列几十种创新产品。

为了支撑公司的业务发展，昊月公司设立了生产部、销售部与营销部等部门，结构如图 6.1 所示。在公司的组织结构中，股东大会作为全体股东组成的、公司最大的权力机构，决定有关公司经营发展的重大事项。因此，昊月公司的经营发展战略，包括企业的标准化战略都由股东大会制定。

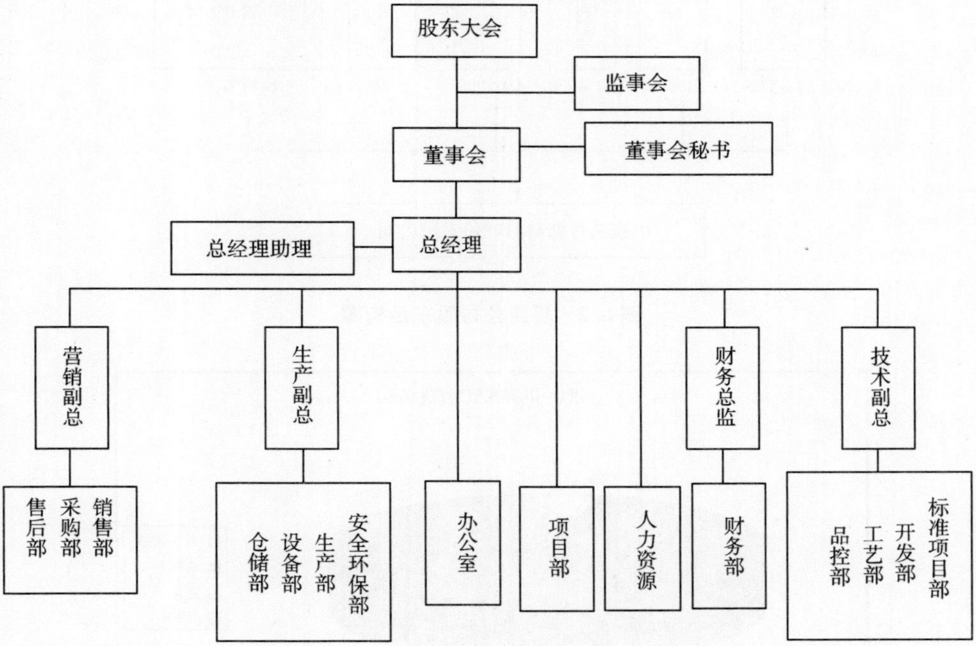

图 6.1　昊月公司组织结构图

　　股东作为对公司债务有无限或有限责任的，并凭借持有股票享受公司红利的个人或单位，在参加股东大会时对公司的重大发展事项拥有表决权。某一股东对公司发展影响的重要程度，取决于该股东所持有公司股票的种类与数量[205]。在昊月公司的所有股权中（图 6.2），股东杨志亮的持股比例占了公司全部股份的58.98%。因此，在昊月公司召开的股东大会上，杨志亮对昊月公司股东大会的决策拥有相当大的影响力。

　　昊月公司主要生产一种叫作高分子吸水树脂的中间产品，该产品在农林、医药、化工、环保和日化等领域有着广泛应用前景，但应用最为广泛的还是卫生用品领域（图 6.3）。在公司成立之初，国内生产的尿不湿与卫生巾主要使用木浆，尽管吸水性能好，但是厚度太大，影响使用。而在国外方面，相关领域的公司已经开始研制超薄卫生巾了，但由于设计方面的原因，超薄卫生巾在防侧漏方面的表现不尽人意。如何兼具两类产品的优点，满足市场需要，是当时高分子吸水树脂生产企业所面临的巨大挑战。

中小企业标准化建设研究

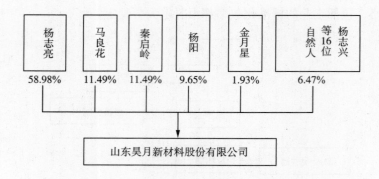

图 6.2　昊月公司股东结构图

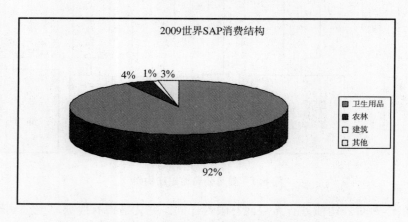

图 6.3　2009 年世界 SAP 消费结构[205]

为了抓住市场机遇，获取竞争优势，引领市场发展。2006 年，杨志亮在昆明召开的第十三届生活用纸年会上，提出了不同于传统检测标准的观点，该观点打破了传统判断依据，并改变了跨国企业对高吸水树脂材料（Super Absorbent Polymer，SAP）质量话语权的垄断，给国内 SAP 产品发展带来了更多机会。确定了公司的发展方向后，企业沿着既定的方向大力开展技术创新，不断努力。终于在 2009 年 9 月 1 日，昊月公司制定的标准正式成为国家标准开始实施，该标准并于 2014 年 4 月被 ISO/TC61 委员会正式立项，成为国际标准。凭借着在标准化领域的出色表现，公司董事长杨志亮被评为"2015 年度国际标准化十佳推动者"之一。

6.2.1.2　市场利益驱动

高吸水树脂材料（SAP）1974 年在美国研发成功后，因为其亲水基因与适度的交联功能，应用范围极为广阔，市场潜在需求巨大。1980 年，世界 SAP 的生产能力约为 0.5 万吨，到了 2000 年，这一数值就增长到了 129.2 万吨。但对于中国而言，当时并无大规模的高纯丙烯酸生产装置，加之产品性能方面的缺陷，国内产品难以在国外市场竞争中取得优势[206]，这严重地制约了当时国内相关企业的发展。

顶着国外市场的巨大竞争压力，昊月公司在成立之初，年产值仅为百万，公司生存面临着极大的压力与挑战。为了获得进一步的发展，并在市场上拥有更大的话语权，制定标准就成为昊月公司发展的有效途径。通过标准的制定，昊月公司不仅提升了企业产品的技术性能，同时也提高了企业在产业与市场中的话语权和竞争力，并为公司开拓了更为广阔的市场。为此，公司不断扩大产品的生产规模，产品产量从 2003 年的年产量 300 吨，大幅提高到了 2012 年的 15000 吨。伴随着产量的提升，昊月公司产品的价格不仅没有降低，反而因为技术进步，产品性能的提升，公司的产品市场价格同时得到了提高。尽管公司每吨产品的价格高于市场价 1000—1500 元，但昊月公司的产品仍供不应求。生产规模的扩大，产品价格的提高，给昊月公司带来了高额的经济收益，公司 2013 年实现营业收入9296.05 万元。

6.2.1.3　公司创新需要

昊月公司成立之初，由于企业规模较小，资源有限，最初的业务也只是集中在高分子树脂的生产方面。随着企业标准化战略的制定与实施，为了完成相关技术的研发与升级，昊月公司在技术方面增加研发投入（2013 年的研发投入为 389万，2014 年的研发投入为 431 万）的同时，还制定了奖励措施鼓励企业员工积极开展创新。除了企业内部研发资源的投入，昊月公司还与包括中国纸浆造纸研究院、北京工商大学在内的高校和科研组织积极展开一系列的深度合作，借助他们极具优势的研发能力和资源，不断加快推进企业的标准化工作。

在管理方面，公司设立了工艺部、开发部与标准项目部，专门负责生产工艺的创新，新产品的开发与标准的制定等。专门部门的设置与专业化的分工，为企业制定标准提供了强有力的保障。

在文化方面，公司以"以人为本、开拓创新、以质取胜、服务客户"的发展理念，将创新融入了企业的发展中，营造出了积极的创新氛围，为企业技术创新的开展，标准的制定提供了良好的环境。

6.2.2 昊月公司标准化外部动力

6.2.2.1 市场需要

高吸水树脂材料自从投入应用开始，其具有的特性使得其拥有着广阔的市场前景。根据 2000 年左右的数据显示，2000 年时，世界 SAP 的消费量均为 80 万吨，其中美国作为最大的消费国，消费量均为 28 万吨，欧洲的消费量为 20 万吨，日本为 8 万吨。中国的 SAP 消费量则较低，仅为 1.2—1.3 万吨。但随着人们生活水平的提高与经济收入的增长，到 2005 年，世界的 SAP 消费量如表 6.2 所示[206]。由表 6.2 可知，到 2005 年，各国的 SAP 消费量都呈上升趋势，市场容量相当可观。面对着拥有巨大潜力的需求市场，为了获得更多的市场经济收益，并在市场竞争中占据优势地位，制定市场标准成为昊月公司重要的发展方向。

表 6.2　主要国家 SAP 消费量　　　　　　　　　　　单位：万吨

国家	美国		欧洲		日本		中国	
时间	2000	2005	2000	2005	2000	2005	2000	2005
消费量	28.9	32.9	21.5	29.0	7.5	9.0	1.2—1.3	2.8—3.0

除了市场需求量的提升外，在技术层面，围绕 SAP 开展的技术也在不断发展，一方面是高吸水树脂材料应用范围的不断扩大，从卫生领域、农林领域与建筑领域等扩展到了留香材料、原油开采等方面；另一方面是材料的技术性能在不断提升，在吸水材料不断变薄的条件下，吸水率同时不断提高。在德温特专利数据中，我们以 "Super Absorbent Polymer" 为关键词进行检索，可以清晰地看到从 2000 年到 2017 年期间 SAP 的专利变化，具体情况如图 6.4 所示。

由图 6.4 可知，随着时间的发展，围绕高吸水树脂材料进行的技术研发不断向前发展，时间越往后，研发的技术专利越多。因此，技术的不断进步推动着昊月公司不断进行着技术创新，这也为公司标准的制定提供了技术方面的基础。

拥有巨大潜力的市场与不断进步的市场，为昊月公司加快技术创新，推动保准化实现提供了技术与市场方面的基础。

6.2.2.2 竞争压力

面对着市场不断增加的需求，世界各地的 SAP 生产企业都在不断扩大生产，

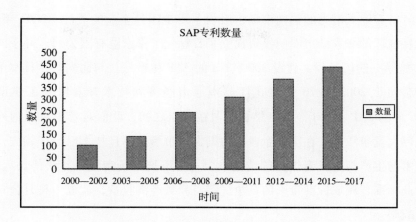

图 6.4　2000—2017 年 SAP 专利数

以提高企业在 SAP 市场的竞争力。2003 年 7 月世界各大 SAP 企业的生产能力如表 6.3 所示[207]。由表 6.3 可知，由于起步较早，在 SAP 市场上，还是以国外企业为主，他们以强大的生产能力与先进技术，抢先占据了大部分的市场份额。这给国内企业的发展，尤其是中小企业的生存与发展带来了极大的压力。

表 6.3　2003 年 7 月大型 SAP 企业生产力

公司	美洲	欧洲	亚洲	合计
巴斯夫	16.0	12.5	2.0	30.5
斯托克豪森	13.5	12.0	–	25.5
日本催化合成	6.0	3.0	14.0	23.0
陶氏化学	8.0	7.0	–	15.0
三洋大亚聚合物	–	–	12.5	12.5
住友精化	–	–	8.0	8.0
科伦油化	–	–	4.0	4.0
台塑	–	–	2.4	2.4
工业沸石	–	1.2	–	1.2
阿托菲纳	44.6	38.7	45.5	128.8

　　与发展成熟的国外企业相比，国内 SAP 企业还处于刚起步的阶段。SAP 企业仅有 20 余家，生产能力 30000 t/a，其中 1000 t/a 的装置 7 套，5000 t/a 的装

置 5 套。有着巨大潜力的国内市场，吸引了不少国外企业的关注。2003 年 4 月，日本就在江苏的张家港市专门投资设立了日触化工张家港有限公司，并于同年的 11 月实施第一阶段工程，建设 30000 t/a 的 SAP 生产厂；与此同时，日本圣地亚聚合物公司于 2003 年 10 月也在江苏南通市经济和技术开发区开工建设一座 20000 t/a 的 SAP 生产厂[207]。昊月公司在成立之初，就面对着来自国内外企业带来的巨大竞争压力。在国外企业已占据大量市场份额且技术已处于领先，企业自身技术与生产都不具有优势的情况下，为了不被市场淘汰，并获得长远发展，制定产业标准，获取标准带来的竞争优势与高额经济收益，就成为昊月公司重要的发展战略。

6.2.2.3　政府扶持

首先，昊月公司所处的化学原料与化学制品行业是国民经济行业中的基础行业，在国民经济发展中有着重要作用。同时企业的主营产品高分子吸水树脂作为一类高分子材料，受到了国家的大力支持。国家为此制定了相关的政策法规，如《国家中长期科学和技术发展规划纲要（2006—2020）》等，以支持产业的发展。

其次，昊月公司所在地的章丘政府制定的一系列发展战略，如 2004 年政府工作报告中明确指出要"坚持政策促动，改革推动，骨干带动，放宽放活，创新机制，努力增创民营经济发展新优势"，要让民营企业享受到优惠政策，扶持一批主业突出、管理先进、核心竞争力强的优势企业。这为企业的发展提供了良好的政策环境。

接着，明水国家级经济技术开发区的建设与发展，为昊月公司的进一步发展提供了条件。2010 年，昊月公司斥资 1 亿元，在明水国家级经济技术开发区征地 60 亩，建设了高分子树脂生产基地，这进一步提高了公司的生产能力，缓解了与市场的供需矛盾。

最后，政府对企业的资金补助与相关帮助，也为企业的发展提供了保障。如公司在 2012 年首次通过高新技术评审，享受到了 15% 的优惠退税；2016 年昊月公司受到政府补助 312 万元，对公司的净利润产生了较大的影响；当企业产能扩大而导致电力符合不足时，可向相关电力部门寻求帮助，解决用电问题。

在内部动力与外部动力的共同作用下，昊月公司大力开展技术创新，积极推进市场标准制定，并取得了显著的成绩，成为 SAP 市场的国际标准制定者，这不仅增加了企业的经济收益，同时也提升了企业在市场中的话语权。

6.3 昊月公司标准化合作模式选择

高分子吸水材料产业链的上游主要是原材料，包括淀粉、纤维素与聚乙烯醇等，下游则主要是材料的应用市场，其中包括卫生用品、园林、建筑材料等，产业链的总体结构如图 6.5 所示。昊月公司主要处于产业链的中间环节，即主要进行 SAP 材料的研发与生产。目前，昊月公司的产品主要有四大类：卫生巾专用的吸水树脂、农林系列的吸水树脂、光缆建筑系列的吸水树脂与纸尿裤专用的吸水树脂四类，基本涵盖了高分子吸水材料的主要应用市场。

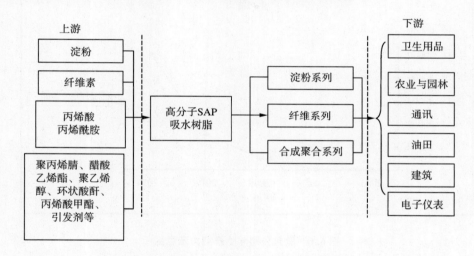

图 6.5 高分子 SAP 吸水材料产业链结构

资料来源：新思界产业研究中心调研整理

6.3.1 基于企业生命周期的标准化合作模式选择

关于企业生命周期的划分，常用的指标为企业的规模或销售额[208]，即在企业形成期，企业的规模或销售额较小；发展期的企业规模或销售额大幅度增长；到了成熟期，则处于相对平稳的状态；在最后的衰退期，企业规模或销售额出现收缩趋势。考虑到昊月公司生产的产品都能被市场接受，因此，结合企业生命周期不同阶段的变化，文章以昊月公司的产品年生产能力作为划分的标准，结果如

图 6.6 所示。

由图 6.6 可知，在 2003—2005 年间，企业的生产能力较低，仅为 300 和 400
吨；但随后的几年，企业的产量实现了大幅增长，从 2005 年的 400 吨急速增加
到了 2014 年的 50000 吨，而后增长则逐渐放缓。因此，结合企业生命周期特征
可知，昊月公司的生命周期阶段划分为：初创期（2003—2006），发展期
（2007—2014），成熟期（2014—至今）。在初创期，企业由于规模较小，资源有
限，生产能力较弱，产品种类较少，产量也较低；但随着企业的不断发展，资源
与技术能力的提升，企业生产能力得到了大幅提升；在成熟期，由于企业核心竞
争力的作用，企业在市场中处于领先状态，企业生产处于相对稳定的状态。

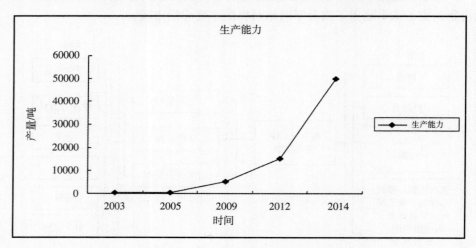

图 6.6　昊月公司年生产能力示意图

在初创期，由于企业规模较小，市场竞争力较弱。在保持企业生存的基础
上，企业寻求同一模块中的企业、组织进行合作。例如昊月公司在 2005 年制定
标准时，就与中国纸浆造纸研究院开展了合作。中国纸浆造纸研究院作为专业开
展制浆、造纸、涂布、环保与特种纸技术等方面研究开发工作的机构，不仅在纸
浆制纸技术方面拥有专业的人员、设备资源，同时也在相关纸质产品的市场应用
方面积累了丰富的经验。昊月公司与该机构的合作，不仅获得了相关研发资源，
也进一步扩充了企业的市场信息，这些都有助于加快昊月公司标准的制定进程。
在中国纸浆造纸研究院的协助下，昊月公司向国家标委申请起草了两项标准。

在发展期，一方面，昊月公司为了加强标准技术方面的研发，继续加强与相关

科研组织，如与空军装备研究所、北京工商大学等的合作，使标准技术得到了进一步完善，从而为标准市场应用范围的扩大提供技术方面的前提条件；另一方面，为了提升标准在市场中的影响力，昊月公司同时也与国内卫生巾、纸尿裤生产商等下游企业，如恒安、舒尔美、自由点等生产商进行合作，利用相关企业的市场影响力与已建立的市场用户基础规模，进而实现了标准在市场中的大规模应用。

在成熟期，昊月公司仍在继续进行技术创新，但经过一段时期技术与知识的累积，公司的资源与能力得到了大幅度的提升。为此，公司在内部设立了专门的部门，如工艺部、开发部与标准工作部，开展技术研发与标准化工作。同时，为了进一步扩大标准的应用范围，增加企业收益，除了卫生用品企业，昊月公司持续加强与上海鸿辉光通科技股份有限公司、沈阳天荣电缆材料有限公司等不同类型的下游企业合作（表 6.4 和表 6.5），以通过丰富标准的应用市场，进而扩大标准的用户基础规模。

表 6.4　2015 年 1—9 月主营业务收入

项目	占比（%）
宠物垫	39.67
卫生巾	18.13
纸尿裤	9.16
光缆	17.47
油膏	15.39
其他	0.19
合计	100

表 6.5　2015 年 1—9 月公司前五名客户情况

公司名称	占当年全部营业收入比例（%）
河北义厚成日用品有限公司	24.03
上海鸿辉光通科技股份有限公司	9.72
山东晶鑫无纺布制品有限公司	9.26
沈阳天荣电缆材料有限公司	9.04
湖北丝宝股份有限公司	6.90
合计	58.96

6.3.2 基于产业生命周期的标准化合作模式选择

对产业生命周期阶段的认识，可从市场增长率，需求增长率，产品种类与竞争者数量等方面进行考虑[209]。一般情况下，某一产业的市场需求变化趋势为 S 曲线，即在产业形成期，产业中的产品刚进入市场，产品的质量与性能不稳定，相应的产品种类较少。因此，在产业形成期，产品的市场需求较小；进入成长期，产品质量与性能的提升，产品种类的增加，使得产品市场的需求快速增长；而到了成熟期，产业内厂商对产品质量与种类增加的改进减缓，市场需求增长缓慢；到了衰退期，市场需求的变化，加上其他产品的冲击，使得产业现有市场需求呈现出缓慢下降的趋势。

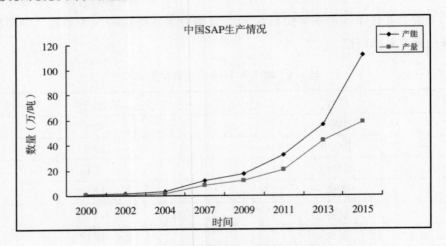

图 6.7　我国 SAP 生产情况

在国内高分子吸水树脂（SAP）市场上，SAP 厂商提供的产品基本能够满足市场需求，因此，可从 SAP 产量的变化研究我国 SAP 产业的发展。以此为依据，收集国内 SAP 的市场生产情况，结果如图 6.7 所示。由图 6.7 可知，我国的 SAP 产量在 2000—2007 年间还较低，且产量的增长幅度较小；在 2008—至今期间，SAP 的产量实现了快速增长。结合产业生命周期不同阶段市场需求特征，可知我国 SAP 产业的形成期为 2000—2007 年，2008—至今则处于产业的成长期阶段。

在高吸水树脂产业的形成期，国内 SAP 的生产企业较少，仅有 20 多家，同时国外的一些大型 SAP 生产企业开始在国内建设生产线，以期开拓更为广阔的市场。技术方面，国内企业缺乏一定的自主性，主要沿用国外研发的技术为主。在此情况下，昊月公司围绕标准化主要与同一模块中的企业、组织开展协同合作，如在中国纸浆造纸研究院的大力协助下，昊月公司向国家标准委申请起草《卫生巾高吸收性树脂》和《纸尿裤高吸收性树脂》两项国家标准。

在 SAP 产业的成长期，生产方面，国内 SAP 生产企业增加到了 40 余家，国外大型 SAP 企业在国内建设的生产线在增加的同时，开始大量投入生产，SAP 的产量得到大幅提升。技术方面，国外企业不断加强对标准技术与产品的研发，如日本住友在洗液速度方面的改进，大量超薄卫生巾的生产等。为此，昊月公司在增加资源投入，努力加强自身研发实力的同时，也积极与同一模块中的组织合作，如聘请华东理工大学专业人员作为智囊团，为公司的研发提供智力支持；与空军装备研究所，北京工商大学等开展研究合作，共同开发"机场和高速公路消雾材料的研制"等项目；与中国标准化研究院签署专门的技术服务合同，共同推动企业标准成为国际标准。在技术研发创新之外，昊月公司也积极加强与不同模块中企业的合作，如表 6.4、表 6.5 及表 6.6 所示。与上下游企业的密切合作，在丰富昊月公司产品的同时，进一步提升了企业在产业链中的竞争力与影响力。

表 6.6　2015 年 1—9 月昊月公司五大供应商情况

公司名称	采购产品	占当期采购总额比例（%）
江苏裕廊化工有限公司	丙烯酸	74.78
济南泰恒峻经贸有限公司	纯碱	9.82
济南至诚信达化工有限公司	甲醇	3.39
中化塑料有限公司上海分公司	丙烯酸	2.07
济南恒润生物化工有限公司	酒精	1.30

6.4　昊月公司标准研发能力

专利与标准的融合，使得技术研发在标准化中的作用日益重要。因此，昊月公司要推动其技术实现标准化，必须具备一定的标准研发能力。

6.4.1　研发投入

研发投入是研发活动开展的基础，也是标准化实现的重要条件。为了推动标准化实现，进而提升企业在高吸水树脂材料市场中的竞争力，昊月公司在研发方面的投入主要表现为研发资金投入与研发人员投入。

在研发资金投入方面，昊月公司 2013—2016 年研发资金投入情况如表 6.7 所示。由表 6.7 可知，昊月公司每年在研发方面的资金投入占其主营业务收入的 5% 左右，处于相对稳定的状态。研发资金的投入为昊月公司开展标准技术研发与标准产品研发提供了资金上的保障。

表 6.7 昊月公司 2013—2016 年研发资金投入情况　　　　单位：万元

项目	2016 年	2015 年 1—9 月	2014 年	2013 年
研发投入	327.3	164	430.5	389.3
主营业务收入	6500.5	4196.1	7342.6	9296.0
研发投入占主营业务收入比例	5.03%	3.91%	5.86%	4.19%

在研发人员投入方面，昊月公司成立了强大的研发团队，通过内部培养与外部引进的方式组建专业的研发人员团队。内部方面，主要是制定积极的创新奖励政策与进行专业的技术培训，在鼓励内部员工积极开展技术创新的同时，提升员工的专业知识与技能。这些措施都极大地提高了员工开展技术创新的积极性。到 2016 年，公司内部的成员结构如图 6.8 所示。由图 6.8 可知，在昊月公司拥有的 194 名员工中，除了承担主要任务的 130 名生产中心员工外，公司的研发人员数量为 23 人，处于公司不同类型员工数量的第二位；外部的成员结构方面，公司主要利用与各高校、研究机构开展产学研合作的方式，聘请华东理工大学研究院、博士生导师等作为智囊团，为公司的技术研发提供智力上的支持。来自企业内部与外部的专业研发人员，为昊月公司开展标准技术研发提供了充分的人才基础。

研发资金与研发人员的投入，为昊月公司生产多样化的产品与服务提供了条件。公司经过十几年的发展，到 2016 年，公司拥有的创新产品主要分布于日用品、工业用品、农业与土壤等领域，这些产品可应用于妇女卫生巾、尿布、电缆、农业园林用保水剂等十几个行业，如表 6.8 所示。由表 6.8 可知，应用于不同领域与不同行业的标准相关产品，提升了昊月公司在高吸水树脂材料市场上的影响力与竞争力。

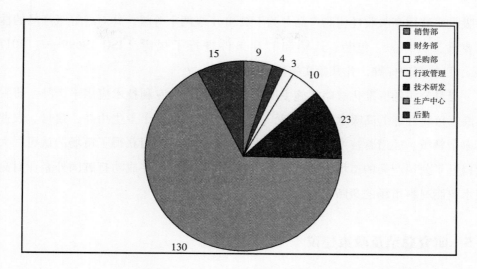

图 6.8　2016 年昊月公司员工结构图

表 6.8　昊月公司产品类型

应用领域	具体应用行业
日用品	妇女卫生巾、宠物垫、鞋垫、纸尿裤等
工业用品	电光缆、电力电缆、油田油水分离剂、油膏添加剂等
农业、土壤	农业园林用保水剂等

昊月公司通过投入研发资金、研发人员与研发设备，所获得的多样化产品与服务，为满足市场需要，扩大标准应用范围，推动标准化发展提供了坚实的基础。

6.4.2　专利产出

对昊月公司而言，有研发投入就必然会有研发产出，除了多样化的产品与服务外，公司最具有代表性的知识产出就是专利。通过国家知识产权网的专利检索可知，昊月公司在 2016 年到 2017 年间完成了 11 项专利的申请，这些专利包括 8 项新型实用专利与 3 项发明专利，其内容涵盖了烘干设备、筛分装置、粉碎装置与混合设备等领域。

昊月公司在完成这些专利申请后，将专利申请成为规定吸收血液用高吸收性聚合物应用于生理卫生和医疗产品的测试方法〔ISO 19699—1：2017（E）〕与将吸收血液用高吸收性树脂产品分为Ⅰ级和Ⅱ级两个等级，并对各等级产品的性能要求及其标志、包装、运输和贮存条件进行了规定〔ISO 19699—2：2017（E）〕的两项标准，并开始实施标准化战略。

昊月公司的标准化战略实施主要是将标准构成的专利技术应用于产品，研发出高于市场性能的高吸水树脂材料，并将这些材料应用于卫生用品、建材、农业等多个领域。凭借着技术领先、多样化的产品，昊月公司获得了市场的认可，大幅提升了公司产品的市场份额与企业的市场主导地位，并成功打破国外企业对高吸水树脂材料市场的垄断。

6.5 研究总结及政策建议

6.5.1 实证结果总结

6.5.1.1 企业内部与外部动力因素共同推动中小企业标准化发展

昊月公司制定国际标准的案例展现了企业的内部与外部动力因素推动着中小企业标准化的发展。在标准对企业发展影响日益重要的今天，标准战略成为许多企业重要的发展战略之一。但如何制定符合企业实际情况的标准战略，并依据标准战略开展企业活动，则需要综合考虑企业内、外部的环境。

早在2003年昊月公司成立以来，高分子吸水树脂（SAP）还处于快速发展的阶段，市场潜在需求巨大。但与巨大的市场需求相比，市场上SAP生产企业或研究机构对SAP技术的改进还没有达到市场的预期，这给昊月公司标准技术的研发提供了进一步发展的机会。与此同时，相对于生产能力强与用户基础规模大的国外大型SAP企业而言，资源有限，企业规模较小的昊月公司在市场中的竞争力处于较弱的位置，这严重制约了企业的生存与进一步发展。为了企业的生存与发展，制定市场标准就成为昊月公司提升市场竞争力的有效途径。

在企业内部，作为公司领导者的杨志亮，在面对高分子吸水树脂市场与昊月公司发展严重缺乏竞争力，发展严重受限的现状时，敏锐的意识到昊月公司想要在激烈竞争的市场中获得进一步发展，就必须利用标准的市场规范性与垄断性，积极制定标准。因此，在企业要大力创新的文化氛围下，整合企业有限的资源，积极开展标准技术研发与推广，进而推动标准化的实现。

6.5.1.2　在企业与产业生命周期不同阶段中小企业标准化合作模式不同

标准化实现过程的复杂性及对资源的需求，使得资源与能力有限的中小企业要完成标准化必须与其他的企业、组织开展协同合作。由于企业在企业与产业生命周期的不同阶段，呈现出的特征与标准化活动的资源需求有所不同，为了使标准化资源实现最大化效用，同时保障中小企业的生存与发展，在企业与产业发展的不同的阶段，选择合适的标准化合作模式就成为中小企业在推动标准化实现中值得慎重考虑的问题。

昊月公司在成立初期，资源较少，同时研发与生产能力较弱。面对国内外高分子吸水树脂（SAP）企业对 SAP 产品的创新与市场的扩大，为了完成标准技术的研发，企业与研发能力强且研发资源丰富的专业化研究机构进行合作，快速完成了标准技术的研发，并共同起草了《卫生巾高吸收性树脂》和《纸尿裤高吸收性树脂》两项国家标准。随着国家标准的制定与实施，昊月公司的研发能力与生产能力都得到了大幅度提升，为进一步扩大标准的市场应用范围，同时进一步完善标准的技术体系，昊月公司在与上下游的企业开展合作的同时，积极与北京工商大学、华南理工大学等高校、科研组织展开合作。

6.5.1.3　研发能力影响中小企业标准化实现

尽管影响中小企业标准化实现的因素众多，但作为标准化实现的重要基础与载体，标准技术与标准产品的研发，对标准化的顺利实现至关重要。因此，对中小企业研发能力的研究，对推动标准化的实现有积极作用。

为了提升公司的产业与市场竞争力，昊月公司除了将每年一定比例的主营业务收入投入研发方面外，同时也采取内部培养、外部引进等各项措施，增加公司的研发人员储备。研发资金与研发人员等研发要素的投入，为昊月公司标准化的顺利实现提供了前提条件。

除了研发投入，研发产出在标准化中的作用也不容忽视，专利作为一类极具代表性的研发产出，在标准化中发挥着重要作用。通过将公司研发的技术转化为专利，昊月公司又将专利申请成为标准，并在实施标准化战略的过程中，实现企业不断发展的目标。

6.5.2 国家层面的政策建议

6.5.2.1 加大对中小企业标准化的扶持

前文研究发现，政府政策是影响中小企业参与标准化的一项重要影响因素，且该因素还会通过影响竞争压力、市场需求与领导者决策等其他因素，共同对中小企业标准化的动力产生作用。因此，政府可加强对中小企业标准化的扶持，以鼓励更多的中小企业积极加入标准化中，进而提升我国自主标准的竞争力。具体表现为以下两个方面：（1）采取财政补贴、税收支持等措施，以在一定程度上降低中小企业资源有限对其推进标准化实现的制约；（2）制定有利于中小企业标准化发展的政策，如加强市场公平竞争、扶持产业发展等政策，以为中小企业参与标准化创造一个公平、公正的市场环境。

6.5.2.2 加强中小企业知识产权保护

对中小企业标准化研发能力的研究发现，研发投入与专利产出是影响中小企业标准化能力的重要因素。但在中国，大多数中小企业的知识产权保护意识并不强。根据有关统计数据显示，我国有90%以上的中小企业没有将其技术申请成为专利，有60%的中小企业没有自己的商标。知识产权保护的缺乏，一方面导致了中小企业不能有效的保护自身核心技术，使得企业技术易于被其他企业侵害，进而影响该企业对自身技术的进一步开发；另一方面，影响了产业内中小企业进行技术研发的积极性，从整体上降低了产业的技术发展速度，长期如此对产业的发展极为不利。因此，加强中小企业知识产权保护刻不容缓。具体可表现为以下几个方面：（1）提高中小企业知识产权保护意识；（2）制定相应的法律条款维护中小企业的知识产权；（3）对不同类型与规模企业的知识产权进行平等保护。

6.5.3 产业层面的政策建议

6.5.3.1 加强标准产业链不同模块间的合作

标准产业链不仅能够满足标准化实现资源方面的需求，也能够在不同企业信息流动的过程中，加速技术创新的速度。因此，构建标准产业链是推动标准化成功实现的重要途径。本书研究结果表明，在中小企业生命周期与产业生命周期的不同阶段，为更好地推动企业发展与标准化实现，中小企业选择的标准化合作模式有所不同。因此，采取灵活的方式，加强标准产业链不同模块间的合作，对发挥产业模块中企业资源的最大效用，同时提高合作的效率具有积极作用。

6.5.3.2　建立产业信息流动平台

中小企业在推进标准化实现的过程中，离不开与其他组织、企业的协同合作，而匹配合作伙伴选择的重要条件是获得全面的信息。然而，对大多数中小企业而言，其所拥有的人力、财力与物力等并不能支撑其搜集、分析相关合作伙伴的相关信息，极大地阻碍了中小企业标准化的实现。因此，构建专门的产业信息共享平台，为产业中的企业提供相应的信息与服务，对中小企业合作伙伴的选择具有重要的意义。具体的做法主要有：（1）政府牵头搭建平台，并制定相应的规章，要求产业内的企业将其相关信息共享在平台上；（2）产业内专门的组织开展这一业务，对其所掌握的信息以一定的费用出售给所需的企业，这不仅节省了中小企业获取信息的成本，也给相关组织带来了经济收益。

6.5.4　企业层面的管理建议

从全球综合来看，在国家建设、企业发展的过程中，标准化发挥的作用越来越大，越来越多的国家与企业都在积极推进标准化的实现。对于资源与能力都不占优势的中小企业而言，如何发挥自身优势，获得标准带来的收益，就成为中小企业值得关注的重点。

6.5.4.1　了解标准化发展规律及中小企业特征

标准化活动遵循一定的内在规律，如标准化的实现需要完成标准技术研发、标准技术转化及标准技术扩散等活动，且在不同的活动中，标准技术在技术与市场方面的表现，对资源的需求各不相同。了解标准化发展规律，对企业资源的组织，生产活动的开展，都有着非常重要的作用。

相对于资源丰富、能力强的大型企业而言，中小企业在资源与企业规模方面都处于较弱势的地位。但任何事物都具有两面性，较少的资源与较小的企业规模，既能促使中小企业能够快速组织企业生产活动，也能够灵活的对外部市场的变化做出及时的反馈。

对标准化发展规律与中小企业特征的掌握，有助于中小企业整合企业有限的资源，有针对性地开展标准化活动，灵活应对标准化发展资源的需求，在推动标准化成功实现的前提下，实现企业资源效用的最大化。

6.5.4.2　积极开展标准化合作

标准化的实现，是一个复杂、充满风险且需要大量资源的过程，仅依靠单一的中小企业，难以完成这一过程。不同企业、组织间的协同合作，就成为解决标准化中所遇到问题的有效途径。一方面，标准化企业、组织间的合作，解决了标准化实现对资源的需求。资源基础理论的观点认为，企业间的资源是不可流动且难以复制的，不同企业、组织凭借其所掌握的独特资源，获得了相应的竞争优势。在标准化发展中，当单一企业不能提供标准化实现所需的资源时，企业就会与其他掌握相关资源的企业、组织间开展协同合作。通过合作过程中资源的整合与共享，从而满足标准化实现的资源需求。

另一方面，标准化企业、组织间的合作能有效降低标准化中存在的技术与市场方面的风险。不同企业、组织间的合作，对标准技术兼容度与标准相关产品丰裕度的提升有着正向的积极作用。技术体系构建完善与标准配套产品丰富的产品在市场扩散中，不仅能提升标准产品的性能与质量，同时也能扩大标准产品的市场用户基础规模，这对标准化的成功实现有着正向的推动效用。

因此，为了满足标准化实现的资源需求，降低标准化风险，选择合适的合作伙伴，采用相应的标准化合作模式，并积极开展协同合作就成为中小企业推进标准化实现的有效途径。

6.5.4.3 标准研发能力的充分运用

首先，研发活动本身具有相当大的风险性，不仅投入大，而且周期长，甚至预期成果根本实现不了，对于中小企业而言尤其如此，如果不能及时有效地将研发投入转化成创新技术，并且及时投入产品生产中去，就极有可能产生资金周转困难，导致市场脱节的严重问题。所以，中小企业在进行每一项研发活动前，都要制定科学合理的研发方案，根据自身的实际情况和合理的承受能力来科学决策技术人员、设备和资金的投入规模和投入结构，将可能的不利影响和资源浪费降到最低。

其次，专利增量能显著提升企业参与标准制定的次数，两者又都是企业标准化能力的基础，所以要充分合作共同推动企业的发展。具体而言，专利是标准的基础，专利产出对企业的标准化战略或者其他的差异化发展战略都有着极其重要的作用。中小企业要树立起明确的意识，将先进技术转化为专利，将专利转化为标准，再通过专利和标准的合作来提高企业的核心竞争力。

最后，中小企业的研发活动，往往具有一定的滞后性，即研发投入转化成为研发成果，需要一定的时间。因此，随意停止一项研发活动，给中小企业带来的资源浪费与技术中断都是不可弥补的。

6.6 本章小结

本章首先依据实证研究选择与研究对象的特征，说明本案例选择及研究设计，实证分析的具体内容，并选择制定国际标准的山东昊月新材料有限公司与上市中小企业作为研究对象。一方面，通过对企业官网、国家知识产权局、德温特专利数据库等途径收集相关数据、资料，在对收集的数据资料进行整理、分析的基础上，深入研究昊月公司标准化的动力机制，企业与产业生命周期不同阶段标准化合作模式的选择；另一方面，通过万方数据库、工标网、巨潮网等途径收集上市中小企业相关研发与标准等数据，对中小企业研发能力与标准化间的关系进行验证，从而对前文构建的中小企业标准化理论体系进行论证。最后，提出全面深入了解标准化发展规律和中小企业特征，积极开展标准化合作与标准化研发能力的充分运用，有助于中小企业更好地推动标准化实现的政策建议。

┃ 结 论

1. 研究结论

本研究针对中小企业的主要特征，基于对标准化战略、标准化阶段、标准化影响因素与相关能力、中小企业标准化建设等相关问题的文献进行系统回顾与评价，运用标准经济学、资源基础理论、生命周期理论，系统地研究了中小企业标准化的动力机制、标准化合作模式与标准研发能力，并且利用相关案例和相关数据实证检验了中小企业标准化建设的理论框架，最后提出进一步推动中小企业积极参与标准化、利用标准提升市场竞争力的政策和管理建议。研究得出的结论包括以下三个方面：

（1）中小企业标准化的发展，是企业内部与外部因素共同作用的结果。相对于大型企业，中小企业因为企业规模小，所掌握的资源与所具备的能力也较弱，在激烈的市场竞争中处于相对弱势的地位。尽管标准作为指导市场生产与服务规范的要求，参与制定标准的企业能够享受到标准所带来的竞争优势与高额收益，但同时这也是一个复杂、高投入且充满不确定的过程。随着标准在技术与经济活动中的影响日益增强，受企业内部领导者决策，创新需要、利益驱动与外部市场需求，竞争压力与政府扶持等因素的共同作用，中小企业不可避免的加入了标准化中。通过推动标准化实现，中小企业不仅在企业内部得到了优化，同时也提升了企业在外部市场中的竞争力，对中小企业的进一步发展有着积极的促进作用。

（2）在企业与产业发展的不同阶段，中小企业选择的标准化合作模式不同。标准化实现对资源与能力的要求，使得单一的中小企业难以独自完成标准的制定，与其他企业、组织开展协同合作，就成为解决资源与能力限制的有效途径。从标准产业链的视角出发，中小企业的标准化合作模式有横向合作、纵向合作以及混合合作等，且不同合作模式的作用有所不同。中小企业在企业与产业生命周期的不同阶段，依据企业与产业所具有的特征，选择合适的标准化合作模式，不仅能满足标准化实现对资源的需求，同时也能给企业的发展带来更多的机会。

（3）中小企业所具备的研发能力推动标准化实现。标准化的最终实现，所需完成的研发任务有标准技术的研发与标准产品的研发等。在这一过程中，中小企业在标准化中的研发投入与专利申请数量对企业制定的标准数量具有正向的积极作用，且相对于专利产出，中小企业研发投入对标准化的作用则更为明显。如果要使标准化活动在企业得到更好的推动，中小企业就需要合理的运用研发能力。

2. 创新点

（1）对中小企业标准化建设进行了系统研究。围绕中小企业标准化的问题，现有文献更多是从标准对中小企业创新影响，中小企业标准化实现组织形式等方面进行研究。但中小企业标准化的发展是一个复杂的、涉及多方面因素的过程。为了更好地推动中小企业参与标准的制定，本书在分析中小企业与标准化特征的基础上，系统对中小企业标准化的动力机制、合作模式与相关能力进行了研究。

（2）结合实际案例与面板数据对中小企业标准化建设进行了研究。关于中小企业的标准化，学者们进行了大量研究，但大多数都集中于理论层面的研究，缺乏实际的案例或数据对相关理论进行佐证。本书在构建中小企业标准化建设的理论框架后，以成功制定国际标准的山东昊月新材料有限公司与211家上市中小企业为样本，利用昊月公司以及211家上市中小企业的企业网站、国家标准化管理委员会、万方专利数据库、国家知识产权局等渠道收集相关数据、资料，并在对这些数据、资料进行整理、分析的基础上，对所构建的中小企业标准化建设理论框架进行验证与完善，使整个研究做到有理有据。

（3）结合企业与产业生命周期的发展，动态的对中小企业标准化合作模式进行了研究。协同合作作为影响标准化实现的重要因素，是学者们关注的重点，但大多数学者都是从静态的角度对标准化企业间合作进行了研究。标准化的企业与其所处的产业都处在不断向前发展的状态，且在不同的发展阶段，企业与产业所呈现出的特征有所不同。对企业与产业不同发展阶段中，中小企业标准化合作模式的研究，不仅保障了标准化资源的需求，提升了资源的利用效率，同时也有利于中小企业的进一步发展。

3. 研究局限与进一步研究方向

本书对中小企业标准化动力机制、合作模式与相关能力进行了系统深入研究，结合典型企业的案例研究和 211 家上市中小企业实证检验，提出相关政策建议。然而，由于标准数据本身的特殊性，不能直接与国民经济数据匹配，相关企业的微观数据可得性也非常有限，这在很大程度上限制了对一些问题进行更为深入的研究。本人将沿着论文的研究方向，进一步努力，探索更为有效的方法，在未来进一步开展相应研究。这些问题包括：

（1）由于资源与能力的限制，中小企业的主营业务往往可能较单一，这也导致了不同的中小企业在标准化中所承担的任务有所不同。不加区别的对中小企业标准化进行研究，容易产生一定的偏差。因此，未来可以对中小企业进行分类的基础上，对其标准化进行研究。

（2）在对企业标准化能力进行实证检验的时候，本书根据一定程序选取了 211 个样本企业，8 年的观测值也有 1688 个之多，基本能够保证实证检验结果的可信度和实际效果，但没有对样本企业进一步进行行业细分，不能够看到行业差异对研究结果可能产生的影响。因此，未来可对不同行业的中小企业研发能力对标准化的影响进行研究。

▌ 参考文献

[1] 旻苏，李景. 美国标准体系及战略分析 [J]. 中国标准化，2006（9）：74-76.

[2] 邓希妍. 浅谈日本工业标准化及国际标准化战略 [J]. 中国标准导报，2014（6）：45-48.

[3] 张明兰. 德国标准化战略 [J]. 质量与标准化，2006（8）：32-36.

[4] 许月恒，朱振中，董传金. 基于技术标准的企业核心竞争力提升策略研究 [J]. 华东经济管理，2008（5）：125-128.

[5] 欧新黔. 提升自主创新能力，推动建设"中小企业成长工程" [J]. 中国科技投资，2006（04）：4-6.

[6] 孙卫卫，徐波，王倩云. 中小企业内部控制体系构建 [J]. 中国乡镇企业会计，2018（02）：159-160.

[7] 孙艳. 技术创新与战略技术联盟——我国中小企业增强 R&D 能力的分析 [J]. 科研管理，2002（01）：12-16.

[8] 毛文静. 关于中小企业界定标准的思考 [J]. 内蒙古科技与经济，2000（S1）：77-78.

[9] 林汉州，魏中奇. 日本中小企业界定标准的演变与启示 [J]. 中国中小企业，2002（10）：70-71.

[10] 史巧玉. 中小企业界定标准及行业分布研究——一个关于国外文献的综述 [J]. 兰州商学院学报，2004（01）：47-54.

[11] 彭从友，吴国蔚. 中小企业最新界定标准的国际比较 [J]. 经济论坛，2004（20）：65-66+59.

[12] 周长城，陈云. 德国中小企业的作用及其扶持政策 [J]. 国外社会科学，2004（1）：48-53.

[13] 朱瑞珍，蒋晗晖. 我国中小企业管理的现状及对策 [J]. 商场现代化，2006（2）：82-82.

[14] 洪生伟. 标准的定义和分类 [J]. 标准生活，2009（6）：54-59.

[15] 中国标准出版社第一编辑室. 标准化工作导则、指南和编写规则标准汇编 [M]. 北京：中国标准出版社，2004：89-116.

［16］刘荣. 小议标准的概念及标准的内涵［J］. 航天标准化，2012（3）：46-47.

［17］CRISTIANO A. Localized Technological Change and the Evolution of Standards as Economic In-stitutions［J］. Information Economics & Policy，1994，6（3-4）：195-216.

［18］李玉剑，宣国良. 标准与专利之间的冲突与协调：以 GSM 为例［J］. 科学学与科学技术管理，2005（02）：43-47.

［19］赵海军. 论标准经济学［J］. 广东商学院学报，2007（01）：4-7.

［20］ZHAN Y，ZHU X Z. Intellectual Property Right Abuses in the Patent Licensing of Technology Standards from Developed Countries to Developing Countries：A Study of Some Typical Cases from China［J］. Journal of World Intellectual Property，2007，10（3-4）：187-200.

［21］赵伟，于好. 基于事实标准的竞争战略初探［J］. 科学学与科学技术管理，2009，30（04）：136-140.

［22］姚立根，陈希军，李继勇，李少波. 工程导论［M］. 北京：电子工业出版社，2012.

［23］佚名. ISO 批准的标准术语及其定义［J］. 航空标准化，1973（06）：36-35.

［24］桑德斯. 标准化的目的与原理［M］. 北京：科学技术文献出版社，1974：1-2.

［25］麦绿波. 标准化概念定义的评论［J］. 中国标准化，2011（5）：45-50.

［26］谭福有. 标准和标准化的概念［J］. 信息技术与标准化，2005（3）：56-57.

［27］TECHATASSANASOONTORN A A，SUO S G. Influences on Standards Adoption in defacto standardization［J］. Information Technology & Management，2011，12（4）：357-385.

［28］王珊珊，任佳伟，许艳真. 国外技术标准化研究述评与展望［J］. 科技管理研究，2014，34（20）：24-28.

［29］史秀英. 标准化对企业和国民经济的影响——德国进行大规模的"标准化总体经济效益"调查研究［J］. 世界标准化与质量管理，2002（12）：17-20.

［30］BALDWIN C Y，CLARK K B. Managing in an age of modularity［J］. Harvard Business Re-view，1997，75（5）：84-93.

［31］青木昌彦，安藤晴彦. 模块时代：新产业结构的本质［M］. 上海：上海远东出版社，2003：83-86.

［32］孙晓峰. 模块化技术与模块化生产方式：以计算机产业为例［J］. 中国工业经济，2005（6）：60-66.

［33］郭岚，张祥建. 基于网络外部性的价值模块整合与兼容性选择［J］. 中国工业经济，2005（4）：103-110.

［34］CAMUFFO A. Globalization，Outsourcing and Modularity in the Auto Industry［M］. Ca-foscari University，2002.

［35］LAU A K W, YAM R C M, TANG E. The Impact of Product Modularity on New Product Performance: Mediation by Product Innovativeness ［J］. Journal of Product Innovation Management, 2011, 28 (2): 270-284.

［36］胡晓鹏. 模块化整合标准化: 产业模块化研究 ［J］. 中国工业经济, 2005 (9): 67-74.

［37］曹虹剑, 贺正楚, 熊勇清. 模块化、产业标准与创新驱动发展——基于战略性新兴产业的研究 ［J］. 管理科学学报, 2016, 19 (10): 16-33.

［38］王海杰. 模块化产业集群及其组织效率分析 ［J］. 工业技术经济, 2011, 30 (02): 67-72.

［39］闫禹, 于涧. 模块化对高新技术产业标准竞争影响的博弈分析 ［J］. 科技管理研究, 2012, 32 (22): 122-125.

［40］IGOR A H. Corporate Strategy: An Analytic Approach to Business Policy For Growth and Expansion ［M］. Penguin Books, 1965.

［41］梁美健, 吴慧香. 考虑协同效应的并购目标企业价值评估探讨 ［J］. 北京工商大学学报 (社会科学版), 2009, 24 (6): 96-99.

［42］李磊, 谭庆平. Web 服务兼容性及其验证算法 ［C］//中国通信学会学术年会第六届学术年会论文集 (上), 2009: 4.

［43］鲁文龙, 陈宏民. 产品差异化与企业兼容性选择 ［J］. 华中科技大学学报 (自然科学版), 2003 (12): 69-71.

［44］KATZ M L, CARL S. Network Externalities, Competition, and Compatibility ［J］. American Economic Review, 1985, 75 (3): 424-440.

［45］李薇, 邱有梅. 基于纵向合作的技术标准研发决策分析 ［J］. 软科学, 2013, 27 (06): 48-52.

［46］李薇, 邱有梅. 纵向伙伴关系维度的技术标准扩散效应研究 ［J］. 科技进步与对策, 2014, 31 (17): 20-26.

［47］KATZ M L, CARL S. Technology Adoption in the Presence of Network Externalities ［J］. Journal of Political Economy, 1986, 94 (4): 822-841.

［48］KATZ M L, CARL S. Product Introduction and Network Externalities ［J］. Journal of Industrial Economics, 1992, 40 (1): 55-83.

［49］CHURCH J, GANDAL N. Systems Competition, Vertical Merger, and Foreclosure ［J］. Journal of Economics & Management Strategy, 2000, 9 (1): 25-51.

［50］KIM J. Product Differentiation and Network Externality: A Comment on Economides: Network Externalities, Complementarities, and Invitations to Enter ［J］. European Journal of Political Economy, 2002, 18（2）：397-399.

［51］钱春海, 肖英奎. 网络外部性、市场"锁定"与标准选择——联通 CDMA 与移动 GPRS 市场竞争的经济学分析［J］. 中国工业经济, 2003（03）：14-20.

［52］李美娟. 网络外部性、接入定价与电信竞争［J］. 预测, 2012, 31（03）：76-80.

［53］荣帅, 李庆满, 杨皎平. 同质化竞争下集群企业旧标准锁定与新标准采纳研究［J］. 科技进步与对策, 2008, 35（11）：96-102.

［54］帅旭, 陈宏民. 网络外部性与标准选择——以联通 CDMA v. s 移动 GPRS 为例［J］. 上海管理科学, 2002（05）：16-18.

［55］陶爱萍, 沙文兵. 技术标准、锁定效应与技术创新［J］. 科技管理研究, 2009, 29（05）：59-61.

［56］杨少华, 李再扬. 网络外部性、研发激励与技术标准化：以激光视盘业为例［J］. 当代经济科学, 2008（01）：92-99+127.

［57］BARNEY J B. Firm Resources and Sustained Competitive Advantage［J］. Journal of Management, 1991, 17（1）：3-10.

［58］WERNERFELT B. A Resource-based View of the Firm［J］. Strategic Management Journal, 2010, 5（2）：171-180.

［59］GRANT R M. The Resource-Based Theory of Competitive Advantage：Implications for Strategy Formulation［J］. California Management Review, 1991, 33（3）：114-135.

［60］AMIT R, SCHOEMAKER P J H. Strategic Assets and Organizational Rent［J］. Strategic Management Journal, 1993, 14（1）：33-46.

［61］郑江淮. 企业理论：演进经济学的观点述评［J］. 经济评论, 2001（2）：24-28.

［62］迟克莲. 企业资源战略管理初探［J］. 现代财经：天津财经大学学报, 2000, 020（12）：38-40.

［63］GULATIR, NOHRIA N, ZAHEER A. Strategic Networks［J］. Strategic Management Journal, 2000,（21）：203-215.

［64］吴金南, 刘林. 国外企业资源基础理论研究综述［J］. 安徽工业大学学报（社会科学版）, 2011, 28（06）：28-31.

［65］GRAINER L E. Evolution and Revolution as Organizations Grow. 1972［J］. Harvard Business Review, 1972, 76（3）：37-46.

［66］Scott W.. Financial Performance of Minority-versus Operational Planning Business［J］. Journal of Small Business Management, 1983, 22（4）：45-52.

［67］SMITH K G, MITCHELL T R, SUMMER C E. Top-Level Management Priorities in Different

Stages of the Organizational Life Cycle [J]. The Academy of Management Journal, 1985, 28 (4): 799–820.

[68] KAZANJIAN R. Relation of Dominant Problems to Stages of Growth in Technology-based New Ventures [J]. Academy of Management Journal, 1988, 31 (2): 257–279.

[69] LEWIS V L, CHURCHILL N C. The Five Stages of Small Business Growth [J]. Harvard Business Review, 1983, 3 (3): 252–260.

[70] 胡继灵. 高新技术企业生命周期各阶段技术创新战略的选择 [J]. 科技进步与对策, 2001 (08): 47–48.

[71] 赵家新. 企业生命周期的创新路径研究 [J]. 决策与信息, 2007 (10): 55–56.

[72] 林燕燕, 咸适, 陈进. 企业生命周期与创新模式选择的博弈模型研究 [J]. 科技进步与对策, 2010, 27 (06): 67–71.

[73] 张会恒. 论产业生命周期理论 [J]. 财贸研究, 2004, 015 (006): 7–11.

[74] 李靖华, 郭耀煌. 国外产业生命周期理论的演变 [J]. 人文杂志, 2001 (06): 62–65.

[75] MICHAEL G, STEVEN K. Time Paths in the Diffusion of Product Innovations [J]. Economic Journal, 1982, 92 (367): 630–653.

[76] KLEPPER S, GRADDY E. The Evolution of New Industries and the Determinants of Market Structure [J]. The RAND Journal of Economics, 1990, 21 (1): 27–44.

[77] AGARWAL R, GORT M. The Evolution of Markets and Entry, Exit and Survival of Firms [J]. The Review of Economics and Statistics, 1996, 78 (3): 489–498.

[78] 黄莉莉, 史占中. 产业生命周期与企业合作创新选择 [J]. 上海管理科学, 2006, 28 (1): 4–5+18.

[79] 花磊, 王文平. 产业生命周期不同阶段的最优集体创新网络结构 [J]. 中国管理科学, 2013, 21 (5): 129–140.

[80] BOS J W B, ECONOMIDOU C, SANDERS M W J L. Innovation over the Industry Life-cycle: Evidence from EU manufacturing [J]. Journal of Economic Behavior & Organization, 2013, 86 (1): 78–91.

[81] TAVASSOLI S H. Innovation Determinants over Industry Life Cycle [J]. Technological Forecasting & Social Change, 2015, (91): 18–32.

[82] PETER S, PAUL T, MARK S. Standards and Trade Performance: the UK Experience [J]. The Economic Journal, 1996, 106 (438): 1297–1313.

[83] BLIND K. The Impacts of Innovations and Standards on Trade of Measurement and Testing Products: Empirical Results of Switzerland's Bilateral Trade Flows with Germany, France and the UK

[J]. Information Economics & Policy, 2001, 13 (4): 439-460.

[84] JUNGMITTAG A, BLIND K. The Impacts of Innovation and Standards on German-France Trade Flows [R]. Fraunhofer Institute for Systems and Innovation Research, Karlsruhe, 2002.

[85] MOENIUS J. Information Versus Product Adaptation: The Role of Standards in Trade [J]. Social ence Electronic Publishing, 2004.

[86] MIET M, SWINNEN J F M. Trade, Standards, and Poverty: Evidence from Senegal [J]. World Development, 2008, 37 (1): 161-178.

[87] 陶忠元, 马烈林. 标准化对我国出口贸易的影响 [J]. 财经科学, 2012, (8): 118-124.

[88] 宋明顺, 张华. 专利标准化对国际贸易作用的机理研究及实证——基于标准与国际贸易关系研究现状 [J]. 国际贸易问题, 2012 (02): 92-100.

[89] 陶爱萍, 李丽霞. 促进抑或阻碍——技术标准影响国际贸易的理论机制及实证分析 [J]. 经济理论与经济管理, 2013, 33 (12): 91-100.

[90] 任坤秀. 我国国家标准对经济增长贡献的实证研究 [J]. 标准科学, 2012, (03): 24-28.

[91] 张天宇. 标准对中国经济增长的影响研究 [J]. 统计与管理, 2017, (10): 33-34.

[92] 赵树宽, 余海晴, 姜红. 技术标准、技术创新与经济增长关系研究——理论模型及实证分析 [J]. 科学学研究, 2012, 30 (9): 1333-1341, 1420.

[93] JUNGMITTAG A, BLIND K, GRUPP H. Innovation, Standardisation and the Long-term Production Functon : A Cointegraton Analysis for Germany 1960—1996 [J]. Zeitschrift Fur Wirtschafts. Und Sozialwissenschaft, 1999, (119): 205-222.

[94] CHOUNG J Y, JI I, HAMEED T. International Standardization Strategies of Latecomers: The Cases of Korean TPEG, T-DMB, and Binary CDMA [J]. World Development, 2011, 39 (5): 824-838.

[95] 周勤, 龚洁, 赵驰. 怎样实现后发国家在技术标准上超越? ——以 WAPI 与 Wi-Fi 之争为例 [J]. 产业经济研究, 2013, (1): 1-11.

[96] 孙晓红. 技术标准自主创新策略选择问题研究 [J]. 新经济, 2014, (Z1): 36-38.

[97] 宋玉华, 江振林. 行业标准与制造业出口竞争力——基于中国 11 大行业面板数据的实证研究 [J]. 国际贸易问题, 2010, (1): 10-17.

[98] 钟高峥. 行业标准化对中国进出口贸易的影响研究 [J]. 财经理论与实践, 2010, 31, (3): 103-108.

[99] 吕铁. 论技术标准化与产业标准战略 [J]. 中国工业经济, 2005, (7): 43-49.

[100] 李纪珍. 数字电视产业技术标准与政府作用比较 [J]. 科学学研究, 2003, 21 (1):

47-50.

[101] 马香媛，徐建新. 从 TD-SCDMA 产业联盟视角看通信企业的标准战略 [J]. 经济论坛，2007，（2）：67-70.

[102] 王杜友. 浅谈企业标准化的作用与影响——实施标准战略 创造核心竞争力 [J]. 电动自行车，2013，（9）：48-50.

[103] BVNDESANZE IGER V. Economic Benefits of Standardization-Summary of Results [C] // Beuth Verlag GmbH and Deutsches Institut Fiir Normung. Berlin, 2000：1-8.

[104] MANSFIELD E, LEE J Y. Intellectual Property Protection and U. S. Foreign Direct Investment [J]. Review of Economics & Statistics, 1996, 78 (2)：181-186.

[105] 姜军. 专利与标准的集成发展及其竞争战略价值 [J]. 科学学与科学技术管理，2009，30 (5)：12-17.

[106] OLLNER J. The Company and Standardization [R]. Sweden：Swedish Standards Institution, 1988.

[107] EGYEDI, MIRJAM T. Shaping Standardization：A study of Standards Processes and Standards Policies in the Field of Telematic Services [J]. Technology Policy & Management, 1996, 455 (2)：581-585.

[108] WEISS M B H, SPRING M B. Selected Intellectual Property Issues in the Standards Development Process [C] //Information technology standards and standardization. IGI Global, 2000.

[109] HANSETH O, BRAA K. Hunting for the Treasure at the End of the Rainbow：Standardizing Corporate IT Infrastructure [J]. Computer Supported Cooperative Work, 2001, 10 (3-4)：261-292.

[110] VRIES H J D. Standardisation Education [J]. ERIM Report Series Research in Management, 2002, (22)：71-92.

[111] KÖLLER J, JARKE M, SCHOOP M. Towards a Standardization Process for Component Based Architectures [C] //Enhanced Interoperable Systems. Proceedings of the Ispe International Conference on Concurrent Engineering, 2003：359-367.

[112] CARGILL C F. A Five-Segment Model for Standardization [M]. Cambridg：MIT Press, 1995.

[113] 高艳红，杨建华，杨帆. 技术先进性评估指标体系构建及评估方法研究 [J]. 科技进步与对策，2013，30 (5)：138-142.

[114] 郭兰平. 双寡头竞争平台的水平关系研究 [J]. 新余学院学报，2015，20 (4)：18-23.

[115] 黄威. 对科技成果成熟度定义及其算式成立的讨论 [J]. 科研管理，2002，23 (4)：128-131.

[116] 杨武，吴海燕. 制造业技术标准竞争力 TMR 三维理论模型研究［J］. 科技管理研究，2009，29（10）：321-324.

[117] 安佰生. 标准化的准公共物品性与政府干预［J］. 中国标准化，2004，（7）：71-73.

[118] 王道平，韦小彦，邹思明，方放. 技术标准联盟主导企业标准化能力研究［J］. 中国科技论坛，2017。（2）：92-97.

[119] 李再扬，杨少华. GSM：技术标准化联盟的成功案例［J］. 中国工业经济，2003，（7）：89-95.

[120] 李纪珍. 数字电视产业技术标准与政府作用比较［J］. 科学学研究，2003，21（1）：47-50.

[121] SUAREZ F F，Battles for Technological Dominance：An Integrative Framework［J］. Research Policy，2004，33（2）：271-286.

[122] BELLEFAMME P. Adoption of Network Technologies in Oligopolies［J］. International Journal of Industrial Organization，1998，16（4）：415-444.

[123] 舒辉. 试论标准战略中的三类影响因素［J］. 科技管理研究，2008，28（4）：201-204.

[124] 陶爱萍，李丽霞，洪结银. 标准锁定、异质性和创新惰性［J］. 中国软科学，2013（12）：165-172.

[125] 张运生，韦小彦，王吉斌. 高科技企业创新生态系统技术标准许可定价策略研究［J］. 科技进步与对策，2013，30（22）：86-90.

[126] HELFAT C E. Evolutionary Trajectories in Petroleum Firm R&D［J］. Management ence，1994，40（12）：1720-1747.

[127] NERKAR A，PARUCHURI S. Evolution of R & D Capabilities：The Role of Knowledge Networks within a Firm［J］. Management Science，2005，51（5）：771-785.

[128] 高山行，谢言，王玉玺. 企业 R&D 能力、外部环境不确定性对合作创新模式选择的实证研究［J］. 科学学研究，2009，27（6）：932-940.

[129] 方放，王道平，曾德明. 技术标准设定背景下高技术企业 R&D 能力的构成研究［J］. 财经理论与实践，2010，31（2）：93-98.

[130] ROTHWELL R. Successful Industrial Innovation：Critical Factors for the 1990s［J］. R & D Management，2010，22（3）：221-240.

[131] COPPER R G. From Experience ：The Invisible Success Factors in Product Innovation［J］. Journal of Product Innovation Management，1999，16（2）：0-133.

[132] 潘智峰，陈艳云. 论 R&D 能力提升的支撑体系的构建［J］. 科技广场，2007，（8）：47-49.

［133］DESARBO W S，BENEDETTO C A D，SONG M. et al. Revisiting the Miles and Snow Strate-gic Framework：Uncovering Interrelationships between Strategic Types，Capabilities，Environ-mental Uncertainty，and Firm Performance［J］. Social ence Electronic Publishing 2005，26（1）：47-74.

［134］王凯. 新形势下加强企业内部管理的创新策略［J］. 赤峰学院学报（自然版），2015，（5）：105-106.

［135］周瑾. 优化企业内部管理 提升企业竞争力［J］. 中小企业管理与科技（上旬刊），2010，（9）：17-18.

［136］林莉，周鹏飞. 知识联盟中知识学习、冲突管理与关系资本［J］. 科学学与科学技术管理，2004，25（4）：107-110.

［137］黄俊，李传昭，张旭梅，邱钊. 战略联盟管理与联盟绩效的实证研究：基于动态能力的观点［J］. 科研管理，2007，28（6）：100-109.

［138］赵晓庆，许庆瑞. 企业技术能力演化的轨迹［J］. 科研管理，2002，23（1）：70-76.

［139］KALE P，SINGH H. Building Firm Capabilities through Learning：The Role of the Alliance Learning Process in Alliance Capability and Firm-Level Alliance Success［J］. Strategic Man-agement Journal，2010，28（10）：981-1000.

［140］李忠涛，徐冉. 我国中小企业实施标准化战略的分析与研究［J］. 中外企业家，2010（03）：48-51.

［141］杨辉. 怎样加大中小企业标准化力度［J］. 企业标准化，2006，（11）：23-25.

［142］张剑波. 中小企业的标准化、创新与竞争力浅析［J］. 金卡工程，2008，12（7）：96.

［143］毕克新，王晓红，葛晶. 技术标准对我国中小企业技术创新的影响及对策研究［J］. 管理世界，2007，（12）：164-165.

［144］毕克新，王晓红，葛晶. 技术标准对我国中小企业技术创新产品的作用机理及对策研究［J］. 中国科技论坛，2008，（10）：55-59.

［145］VRIES H D，BLIND K，MANGELSDORF A，VERHEUL H，ZWAN J V D. SME Access to European Standardization Enabling Small and Medium-sized Enterprises to Achieve Greater Benefit from Standards and from Involvement in Standardization［D］. Holland：Erasmus Uni-versity，2009.

［146］王季云. 技术标准选择：中小企业竞争的起点——基于公权标准和事实标准的思考［J］. 中南财经政法大学学报，2008，（1）：126-129.

［147］AGGARWAL N，WALDEN E A. Standards Setting Consortia：A Transaction Cost Perspective［C］//Hawaii International Conference on System Sciences，2005-01-03，2005：204c

-204c.

[148] 吴文华，曾德明. 基于交易成本的技术标准联盟形成机理研究 [J]. 财经理论与实践，2006，27 (4)：88-91.

[149] 张米尔，冯永琴. 标准联盟的兴起及诱发技术垄断的机制研究 [J]. 科学学研究，2010，28 (5)：690-696.

[150] 孙武军，吴立明，陈宏民. 网络外部性与企业产品兼容性决策分析 [J]. 管理工程学报，2007，21 (2)：59-63.

[151] 韩连庆. 技术联盟、产业链与技术标准的确立——以中国高清视频技术的发展为例 [J]. 科学学研究，2016，34 (3)：418-424.

[152] BARNEY J B. Firm Resources and Sustained Competitive Advantage [J]. Journal of Management，2009，17 (1)：3-10.

[153] 刘云，桂秉修，冉奥博. 中国专利联盟组建模式与运行机制研究——基于案例调查 [J]. 中国科学院院刊，2018，33 (3)：225-233.

[154] 韩伯棠. 我国高新技术产业园区的现状及二次创业研究 [M]. 北京：北京理工大学出版社，2007.

[155] 郑巧英，姜大利，徐成华，魏宏，刘碧松. 我国高新区高新技术产业标准化工作现状分析 [J]. 中国标准化，2011，(2)：21-25.

[156] 徐成华，刘碧松，高昂，王淑敏. 我国高新技术产业标准化示范区现状与成效 [J]. 中国标准化，2011，(2)：17-18.

[157] PELKMANS J. The New Approach to Technical Harmonization and Standardization [J]. JCMS Journal of Common Market Studies，1987，25 (3)：249-269.

[158] ROTHWELL R. Developments towards the Fifth Generation Model of Innovation [J]. Technology Analysis and Strategic Management，2007，4 (1)：73-75.

[159] FREEMAN C. Networks of Innovators：A Synthesis of Research Issues." Research Policy 20 (5)：5-24 [J]. Research Policy，1991，20 (5)：499-514.

[160] 孙耀吾. 基于技术标准的高技术企业技术创新网络研究 [D]. 湖南大学，2007.

[161] 吴传荣，曾德明，陈英武. 高技术企业技术创新网络的系统动力学建模与仿真 [J]. 系统工程理论与实践，2010，30 (4)：587-593.

[162] 张纯义. 中小企业标准化存在的问题及对策 [J]. 企业标准化，1998，16 (1)：3-5.

[163] 寇艳丽. 中小企业技术创新存在的问题及对策 [J]. 冶金标准化与质量，2005，43 (1)：42-43.

[164] 段远鹏. 我国中小企业技术创新的问题及对策 [J]. 科技管理研究，2009，29 (2)：

147-148.

[165] 程望奇. 中小企业标准化建设现状及行政对策——以湖南为例 [J]. 中国标准化, 2012 (5): 68-71.

[166] 潘丽丽, 黄曼雪. 我国中小企业如何参与标准化工作 [C] //标准化改革与发展之机遇——中国标准化论坛, 2015: 1934-1937.

[167] CARL S. Navigating the Patent Thicket: Cross Licenses, Patent Pools, and Standard Setting [J]. Nber Innovation Policy & the Econony, 2001, 1 (1): 119-150.

[168] 韩志华. 核心专利判别的综合指标体系研究 [J]. 中国外资, 2010, (4): 193-196.

[169] 陆璐. 从属专利许可问题研究 [J]. 经济视角 (中旬), 2011, (2): 111+123.

[170] 宋咏梅, 孙根年. 科特勒产品层次理论及其消费者价值评价 [J]. 商业时代, 2007, (14): 31-32.

[171] 郭虹. 中小企业研发意愿、创新模式与支持体系的国际经验 [J]. 当代经济, 2013, (6): 124-126.

[172] 夏玮, 刘晓海. 中小企业知识产权使用情况分析与政策建议——从中小企业创新现状、分类与模式的角度 [J]. 科学学与科学技术管理, 2010, 31 (6): 148-152+193.

[173] 石国荣. 中小企业技术创新的类型分析 [J]. 辽宁经济, 2004, (9): 37.

[174] 卢建波, 王颖, 伦学廷. 我国中小企业工艺创新中存在的问题及对策分析 [J]. 技术经济与管理研究, 2003, (4): 47-48.

[175] 詹森, 麦克林. 厂商理论: 管理者的行为、代理成本和所有制结构 [M]. 北京: 社会科学文献出版社, 2004.

[176] 姜波. 科技型中小企业领导者行为对技术创新绩效影响的实证 [J]. 统计与决策, 2011, (2): 181-184.

[177] 王其藩. 高级系统动力学 [M]. 北京: 清华大学出版社, 1995.

[178] TEECE D J. Technology Transfer by Multinational Firms: The Resource Cost of Transferring Technological Know-How [J]. The Economic Journal, 1977, 87 (346): 242-261.

[179] SZULANSKI G. Exploring internal stickiness: Impediments to the transfer of best practice within the firm [J]. Strategic Management Journal, 1996, 17 (2): 27-43.

[180] KOGUT B, ZANDER U. Knowledge of the Firm, Combinative Capabilities, and the Replication of Technology [J]. Organization Science, 1992, 3 (3): 383-397.

[181] NONAKA I, TAKEUCHI H. The knowledge-creating Company [J]. Nankai Business Review, 1998, 482-484 (2): 175-187.

[182] MONCK C S P, PORTER R B, QUINTAS P R. Science Parks and the Growth of High Tech-

nology Firms ［M］. Science parks and the growth of high technology firms. Croom Helm，1988.

［183］苗锡哲，程浩. 市场资源定义及价值分析 ［J］. 管理观察，2009，(10)：249-250.

［184］王恕立，张吉鹏，罗勇. 国际直接投资技术溢出效应分析与中国的对策 ［J］. 科技进步与对策，2002，19 (3)：117-118.

［185］HINLOOPEN J. Chapter 5 Strategic R & D with Uncertainty ［J］. Contributions to Economic Analysis，2008，(286)：99-111.

［186］CASSIMAN B，VEUGELERS R. R & D Cooperation and Spillovers：Some Empirical Evidence from Belgium ［J］. The American Economic Review，2002，92 (4)：1169-1184 .

［187］李艳华. 中小企业内、外部知识获取与技术能力提升实证研究 ［J］. 管理科学，2013，26 (5)：19-29.

［188］陈劲，阳银娟. 外部知识获取与企业创新绩效关系研究综述 ［J］. 科技进步与对策，2014，(1)：162-166.

［189］FITJAR R D，RODRIGUEZ-POSE A. Firm Collaboration and Modes of Innovation in Norway ［J］. Research Policy，2013，42 (1)：128-138.

［190］KIM B. Coordinating an Innovation in Supply Chain Management ［J］. European Journal of Operational Research，2000，123 (3)：568-584.

［191］Project Management Institute. 项目管理知识体系指南 ［M］. 北京：电子工业出版社，2013.

［192］RICHARDSON G B. The Organisation of Industry ［J］. Economic Journal，1972，82 (327)：883-896.

［193］徐姝. 西方业务外包研究成果评介 ［J］. 外国经济与管理，2003，25 (12)：13-17.

［194］ARNOLD U. New Dimensions of Outsourcing：A Combination of Transaction Cost Economics and the Core Competencies Concept ［J］. European Journal of Purchasing & Supply Management，2000，6 (1)：23-29.

［195］WINTER S G，NELSON R R. An Evolutionary Theory of Economic Change ［J］. Social ence Electronic Publishing，1982，32 (2)：661-666.

［196］DEEDS D L，DECAROLIS D，COOMBS J. Dynamic Capabilities and New Product Development in High Technology Ventures ：An Empirical Analysis of New Biotechnology Firms ［J］. Journal of Business Venturing，2000，15 (3)：211-229.

［197］LUKAS B A，BELL S J. Strategic Market Position and R & D Capability in Global Manufacturing Industries：Implications for Organizational Learning and Organizational Memory ［J］. Industrial Marketing Management，2000，29（6）：565-574.

[198] 王君彩，王淑芳. 企业研发投入与业绩的相关性——基于电子信息行业的实证分析［J］. 中央财经大学学报，2008，（12）：57-62.

[199] 冯文娜. 高新技术企业研发投入与创新产出的关系研究——基于山东省高新技术企业的实证［J］. 经济问题，2010，（9）：74-78.

[200] 梅杏珍. 企业专利战略与企业竞争力［J］. 北方经济，2005，（8）：39-40.

[201] 刘小青，陈向东. 专利活动对企业绩效的影响——中国电子信息百强实证研究［J］. 科学学研究，2010，28（1）：26-32.

[202] 李伟. 企业专利能力影响因素实证研究［J］. 科学学研究，2011，29（6）：847-855.

[203] 谢芳. 案例研究方法［J］. 北京石油管理干部学院学报，2009，16（3）：25-30.

[204] 罗伯特·K·殷，周海涛. 李永贤，张蘅. 案例研究：设计与方法：第3版［M］. 重庆：重庆大学出版社，2004.

[205] 何盛明. 财经大辞典［M］. 北京：中国财政经济出版社，1990.

[206] 江镇海. 国内外高吸水树脂市场看好［J］. 四川化工，2001，（7）：2-3.

[207] 钱伯章，王祖纲. 丙烯酸及高吸水性树脂的市场分析和技术进展［J］. 化工技术经济，2005，23（4）：24-31.

[208] 魏光兴. 企业生命周期理论综述及简评［J］. 生产力研究，2005，（6）：231-232.

[209] 刘婷，平瑛. 产业生命周期理论研究进展［J］. 湖南农业科学，2009，（8）：93-96+99.